Verena und Georg Popp

NATURJUWELEN ÖSTERREICHS

Verena und Georg Popp

NATUR JUWELEN ÖSTERREICHS

Mit Texten von Mark Perry

Umschlagbild: Morgendämmerung im Natura 2000-Gebiet *Schwemm*,
einem bedeutenden Feuchtgebiet am Fuß des Kaisergebirges

Die in diesem Band aufgelisteten Natura 2000-Gebiete und die angeführten Flächenzahlen entsprechen dem Stand des Projektes mit März des Jahres 2005, es ist möglich, dass seitens der EU-Kommission noch weitere Gebiete nachgefordert werden.

Die Karteninhalte auf Seite 188/189 wurden freundlicherweise vom Amt der Tiroler Landesregierung, Abt. Umweltschutz tiris zur Verfügung gestellt.

Repros: Classic, Graz
Umschlag und Layout: malanda-buchdesign, Andrea Malek, Graz
Gesamtherstellung: Edition Gutenberg in der Leykam Buchverlagsges.m.b.H. Nfg. & Co. KG

ISBN 3-900323-81-X

Inhaltsverzeichnis

Liebe Leserinnen und Leser!

Die Natur kennt keine Grenzen. Seeadler und andere Zugvögel, die Bären, Luchse und Wölfe, aber auch die Samen der Pflanzen – sie wandern und fliegen auf uralten Pfaden quer über den Kontinent. Umso wichtiger ist die Erhaltung der – allerletzten – von menschlicher Besiedelung und Ausbeutung immer mehr bedrängten Paradiese in Europa.
Das Projekt „Natura 2000" der Europäischen Union ist ein wichtiges Instrumentarium zur Bewahrung der Lebensräume von Fauna und Flora. Nur ein dicht geknüpftes Netz an Schutzgebieten kann diese Besonderheiten auch für unsere Nachkommen bewahren. „Natura 2000" ist ein Vorhaben, das nicht auf wirtschaftlichen Erfolg ausgerichtet ist. Ideelle Werte, die so viel wichtiger sind als reines Gewinnstreben, stehen im Vordergrund.
Und doch wird Österreich von diesen EU-Schutzgebieten „profitieren". Denn eine unberührte Natur, eingebettet in uralte Kulturlandschaften, ist immer noch der attraktivste Anziehungspunkt eines Landes. Jegliche Nutzung sollte daher stets sanft und für die seltenen Tier- und Pflanzenarten verträglich erfolgen.
Gerade Österreich hat eine enorme Vielfalt an kostbaren Landschaftsformen und ganz speziellen topographischen Schönheiten. Viele davon konnte ich in meiner Tätigkeit als Präsident der Österreichischen Naturfreunde selbst erwandern. Mehr als 30 Jahre – seit dem Jahr 1972 – durfte ich diese große Organisation leiten, die sich in den letzten Jahrzehnten auch als Umweltorganisation verstanden hat. Diese Touren führten mich in entlegene Täler, auf einsame Gipfel und an so manchen tosenden Waldbach. Zu jeder Tages- und Jahreszeit erscheinen diese Landschaften zwischen Bodensee und Neusiedler See in einem anderen Licht. Immer ändert sich die Grundstimmung und nie gleicht eine Talschaft der anderen.
Viele dieser wundersamen Ökoinseln finden sich in Wort und Bild in diesem Prachtband wieder. Ich bin selbst auf so manchem Gipfel gestanden und auch als Bundespräsident zählt das Bergsteigen noch immer zu meinen Hobbys.
Dieses Buch von Verena und Georg Popp, die viele Stimmungen auf bemerkenswerte Weise eingefangen haben, und Mark Perry, der die Bilder textlich untermalt, öffnet uns eindrucksvoll aufs Neue die Augen für die uns anvertraute Natur.
Das Buch wird mir und vielen Österreicherinnen und Österreichern ein wunderbarer Begleiter sein. Es möge Geist, Seele und Herz zu neuen Abenteuern anregen – aber auch zu künftigen Schutzbemühungen ermuntern!

Dr. Heinz Fischer
Präsident der Österreichischen Naturfreunde

Vorwort

Alpen, Flüsse, Wiesen, Wälder oder auch einzigartige Verknüpfungen dieser Natur- und Kulturlebensräume – die Österreichische Landschaft lässt sich von oben wie ein zauberhafter Fleckerlteppich betrachten. Verena und Georg Popp hielten diese faszinierende Vielfalt in ihren Bildern eindrucksvoll fest. Doch ursprüngliche Naturräume sind in Österreich und in ganz Europa zur Seltenheit geworden, was die Europäische Union im Jahr 1990 zu raschem Handeln drängte. Mit der ambitionierten Initiative Natura 2000 setzte sich Europa zum Ziel, die Vielfalt der Tier- und Pflanzenarten zu erhalten. Ausweisungen von Natura 2000-Schutzgebieten quer durch Europa sichern die positive Wirkung des Menschen auf die Natur und umgekehrt. In den EU-15 alleine wurden 18 Prozent der Gesamtfläche als Natura 2000-Gebiete ausgewiesen. Auch die große Zustimmung der neuen Mitgliedsstaaten, ihre natürlichen Lebensräume unter diesen Schutz zu stellen, zeigt, wie visionär und einzigartig der Umfang dieser Natura 2000-Initiative ist. Denn mit Natura 2000 schaffte die EU auch eine völlig neue Art des Naturschutzes. So kann es für die biologische Vielfalt dieser Lebensräume durchaus erforderlich sein, bestimmte Tätigkeiten des Menschen beizubehalten oder sogar zu fördern. Eingriffe wie Mahd, Beweidung oder Pflege können das Bestehen dieser Lebensräume für gefährdete Tiere und Pflanzen sichern. Sie müssen allerdings mit den Erhaltungszielen der Schutzgebiete vereinbar sein. So griff beispielsweise ein Team des WWF zur Sense und schnitt in einer einmaligen Aktion große Mengen an Schilf, um das einzigartige Hochmoor Schwemm in Tirol vor Verschilfung zu retten. Bauern, Förster, Fischer, und viele andere greifen durch ihre Arbeit schützend in diese sensiblen Lebensräume ein. Unzählige Arten, wie das Bodensee-Vergissmeinnicht in Vorarlberg, die Bileks-Azurjungfer in Tirol, der Dohlenkrebs in Kärnten oder der Huchen und die Großtrappe im Osten Österreichs verdanken ihr Überleben der Natura 2000-Initiative. Durch dieses Miteinander von Mensch und Natur besteht erstmals die Hoffnung, dass Europas natürliche Lebensräume dauerhaft geschützt und der Verlust der Artenvielfalt gestoppt werden kann. Durch die Verbindung der Natura 2000-Gebiete über nationale Grenzen hinaus, ist der Weg für ein grenzüberschreitendes Naturschutznetzwerk geebnet. Gleichzeitig nimmt Natura 2000 jedoch Rücksicht auf regionale Besonderheiten. Regionsspezifische Umsetzungen fördern die vielfältigen Natur- und Kulturlandschaften Europas. Diese wiederum sind oft die Basis für nachhaltigen Tourismus. Natura 2000 kann in Zukunft in der Vermarktung regionaler Produkte und im naturnahen Tourismus zum Qualitätskriterium und zur Marke werden. Der Schutz von Flora und Fauna durch Natura 2000, gemeinsam mit den Menschen aus der Region, scheint die Vision vom Netz des Lebens zu sichern.

Dr. Günther Lutschinger
Geschäftsführer des WWF Österreich

WWF

Natura 2000

Das größte Naturschutzprojekt des vereinten Europas

Der Mensch ist Natur, der Mensch braucht die Natur. Nur in einem funktionierenden Öko-System kann man leben, kann man atmen, kann man sein. Österreich bietet einmalige Naturschauspiele. Bei Wanderungen und Bergtouren erlebt man, was unsere Heimat lebens- und liebenswert macht. Vom Burgenland bis nach Vorarlberg zieht sich ein Band von einzigartigen Blumen, Bäumen, Sträuchern und Tieren. Es sind die kleinen grünen Inseln, es sind die zerbrechlichen – aber wunderschönen – Biotope, die immer wieder beeindrucken. Wenn die zarten natürlichen Zusammenhänge gestört sind, dann geht die Umwelt kaputt. Zuerst hört das Leben der kleinsten Tiere und der sensiblen Pflanzen auf. Dann sterben die größeren und zum Schluss wird der Lebensraum des Menschen unwirtlich, kahl und schließlich zur Wüste.

Dass es in der Naturschutzpolitik bereits 5 vor 12 ist, das haben die EU sowie die Umweltminister der Mitgliedsstaaten erkannt. Sie versuchen seit einigen Jahren aktiv gegenzusteuern: Die Europäische Gemeinschaft hat bereits im Jahr 1979 (Vogelschutzrichtlinie) und später im Jahr 1992 (Fauna-Flora-Habitat-Richtlinie) – knapp drei Jahre vor dem Beitritt Österreichs – einstimmig einen richtungsweisenden Beschluss für die Verbesserung der gemeinschaftlichen Naturschutzpolitik gefasst und das Naturschutzprojekt Natura 2000 gestartet. Die Mitgliedsstaaten haben in Zusammenarbeit mit Fachleuten, Kommunalpolitikern, Bürgern und Umweltvereinen Listen von schützenswerten Natura 2000-Gebieten gemeldet, die in einem Register erfasst wurden. Nach dieser Phase wurde auf EU-Ebene festgelegt, welche der Gebiete tatsächlich von europäischer Bedeutung sind. Jetzt umfasst das Netz mehr als 10.000 Areale. Insgesamt sind diese ungefähr 360.000 Quadratkilometer groß.

Umweltminister Josef Pröll erklärt: „Die europäische Union hat sich zum Ziel gesetzt, den Arten- und Lebensraumverlust der vergangenen Jahrzehnte zu stoppen. Zum europäischen Naturerbe gehört eine ungeheure Vielfalt an Klimazonen, Lebensräumen und Landschaften von höchster natürlicher Schönheit. Die 15 ‚alten' Mitgliedsstaaten der EU beheimaten mehrere hundert Habitattypen, 150 Säugetierarten, 520 Vogelarten, 180 Arten von Amphibien und Reptilien, 150 Fischarten, rund 10.000 Pflanzenarten sowie mindestens 100.000 Arten von Wirbellosen. Die Bestände vieler Arten nehmen durch den voranschreitenden Verbrauch an Landschaft und die Zerstörung der Lebensräume dramatisch ab. Heute ist das Überleben der Hälfte der Säugetierarten und eines Drittels der Kriechtier-, Vogel- und Fischarten in Gefahr."

Im europäischen Vergleich ist Österreich eines der Länder mit der artenreichsten Fauna und Flora, große agrarische und klimatische Vielfalt sind charakteristisch. Gletscherregionen und Steppenlandschaft prägen unseren Lebensraum gleichermaßen. Rund 25 Prozent der Gesamtfläche des Landes stehen unter Schutz – ein vergleichsweise hoher Wert. Zu Österreichs „Umwelt-Perlen" zählen 56 biogenetische Reservate (dienen der Erhaltung einer repräsentativen Auswahl von Lebensräumen sowie von Pflanzen- und Tierarten Europas), 5 UNESCO-Biosphärenreservate (Modellregionen einer nachhaltigen Entwicklung mit den drei Komponenten Ökologie, Ökonomie und Soziales) und 16 Ramsar-Gebiete (Das globale Übereinkommen Ramsar mit 144 Mitgliedstaaten dient dem Schutz der Feuchtgebiete.). Bisher wurden alleine in Österreich 212 Natura-2000-Gebiete gemeldet, immerhin rund 14,2 Prozent der Staatsfläche. Bund und Länder unterstützen das mit unterschiedlichsten Pflege- und Schutzprogrammen, oft mit Hilfe der EU. Im Zuge der Unterzeichnung von Resolutionen bei der Europaischen Forstministerkonferenz zum Schutz der Walder wurde außerdem ein bundesweites Naturwaldreservatenetz eingerichtet, das derzeit 180 Flächen mit insgesamt ungefähr 8.300 Hektar umfasst.

Die Tatsache, dass in vielen Bereichen die Bestände von Tieren und Pflanzen durch die Zerstörung der Lebensräume abnehmen, fuhrte den Verantwortlichen sehr deutlich vor Augen, dass ein Umdenken in der Naturschutzpolitik

Frühlingseinkehr in den verlandenden, ehemaligen Altarmen der Enns nahe Selzthal, Steiermark notwendig ist. Deshalb kam aus den Hauptstädten der Mitgliedsländer der EU ein klares Ja für die Natura 2000-Idee, denn es ist wichtig, dass auch in Jahrzehnten noch der Adler seine Kreise über unsere Berge zieht, dass in kleinen Winkeln in der Hainburger Au Orchideen ihre Köpfe in Richtung Himmel strecken, und dass Huchen sowie andere seltene Fische sich durch unsere klaren Bäche und Flüsse schlängeln.

Die nationale Phase der Meldung von Gebieten sollte ursprünglich bis 1998 abgeschlossen sein. Dabei gab es aber im Auswahlprozess aller Mitgliedstaaten ebenso wie im Zeitplan der EU Schwierigkeiten. Es waren fast nur bereits bestehende Schutzgebiete, welche die neun österreichischen Bundesländer als Natura 2000-Areale nach Brüssel gemeldet hatten. 1998 startete der World Wild Fund for Nature (WWF) daher die Initiative „Das Netz des Lebens": Er erstellte eine so genannte Schattenliste, die neben den 113 bereits gemeldeten weitere 63 europaweit bedeutende Gebiete umfasst. Auch überprüft der WWF jetzt jedes Jahr das Natura 2000-Engagement der Bundesländer, bewertet es und veröffentlicht die Schlussfolgerungen, eine Strategie, die das WWF-Netzwerk für ganz Europa übernommen hat.

Mit leichter Verspätung also – auch aufgrund der oft aufwändigen Verhandlungen mit den Grundeigentümern und Nutzern –, begann diese historisch einzigartige Rettungsaktion für Flora und Fauna anzulaufen. Durch die Einrichtung der Schutzgebiete sollen Habitate bestehen bleiben, in denen die wunderbaren Spielarten der Natur für die nächsten Generationen gesichert werden. Denn zu viel wurde schon vernichtet. Die fortlaufende Schädigung der Öko-Systeme sowie das Verschwinden von immer mehr Tierarten soll gestoppt werden: Seit 1995 wurde der Ist-Zustand europaweit von Fachleuten erhoben. Jetzt liegen diese „Bilanzen des Lebens" eindeutig und klar vor und sind in den jeweiligen Gebietsmappen konkret bestimmt. Diese Karten sind die Drehscheibe eines Natura 2000-Gebiets. Eine schriftliche Einwilligung der Grundeigentümer ist für die Ausweisung der Gebiete nicht erforderlich.

Die Erstellung der in der Folge notwendigen Managementpläne, die die weitere Bewirtschaftung der Flächen regeln, erfolgt aber in Absprache mit den Besitzern der Areale. Hier werden sowohl die exakten Ziele des Schutzgebietes als auch die notwendigen konkreten Maßnahmen beschrieben. Wenn in einem Natura 2000-Gebiet etwas aktiv zu gestalten ist, so wird dies auf der Basis bestehender freiwilliger Programme umgesetzt. Die Gebietsmappe gibt Auskunft über zu erwartende Rahmenbedingungen.

Die Basis dieses ökologischen Netzwerkes sind zwei Vorgaben: Die Vogelschutzrichtlinie zielt auf den Erhalt sämtlicher wildlebender Vogelarten auf dem Gebiet der Europäischen Union ab. Das zentrale Element ist die Verpflichtung, eine „ausreichende Größe der Lebensräume" für die gefiederten Tiere zu erhalten und wiederherzustellen. Mit dieser Verordnung stand das erste europaweite Naturprojekt auf den Beinen. Für insgesamt 182 innerhalb der EU-Grenzen heimische Vogelarten, die aufgrund ihres geringen Bestandes gefährdet oder vom Aussterben bedroht sind, müssen die Mitgliedstaaten die am besten geeigneten Gebiete als Schutzareale ausweisen. Die Vogelschutzrichtlinie beinhaltet das Verbot des absichtlichen Tötens und Fangens, des Sammelns der Eier sowie des absichtlichen Störens, insbesondere während der Brut- und Aufzuchtzeit. Diese Regel ist die ältere der beiden Natura 2000-Richtlinien. Der Vogelschutz hat eine traditionelle Vorreiterrolle im Naturschutz.

Weltweit ist beispielsweise das Vorkommen des Wachtelkönigs bedroht. In den feuchten Wiesen entlang des Grenzflusses zwischen Oberösterreich und Tschechien befindet sich eines seiner letzten Rückzugsgebiete in Österreich. Hier hat der WWF im Jahr 2001 ein Modell zum Schutz des seltenen Wiesenbrüters, der – trotz dichtem Federkleid – eigentlich lieber läuft als fliegt, gestartet. Das ehrgeizige Ziel: Für das Natura 2000-Gebiet „Maltsch" sollte ein Wirtschaftsplan erarbeitet werden, der die Umsetzung von Naturschutzzielen in Übereinstimmung mit den Wünschen der Bevölkerung und den Interessen der regionalen Wirtschaft ermöglicht. Dabei bleibt man flexibel: Immer noch können neue Komponenten eingebaut werden.

In Luxemburg steht ebenfalls der Schutz der letzten Brutgebiete des Wachtelkönigs an oberster Stelle: Der Fluss Alzette wurde zwischen den Orten Schifflange und Roeserbann mit Förderungen renaturiert, das Überschwemmungsgebiet wiederhergestellt. In Frankreich unterhält ein Partner der Vogelschutzorganisation Birdlife in Anse de Fouras ein Überlebensprojekt für die Trauerseeschwalben. Die für die Tiere überlebensnotwendigen Feuchtwiesen werden von den Bauern mit Hilfe von Agrarumweltförderungen gepflegt. Kleine Wasserläufe werden so gestaltet, dass im späten Frühjahr Wasser auf den Wiesen steht – ein Paradies für die selten gewordenen gefiederten Tiere. In den Sümpfen der Lombardei wiederum bewahren die Freiwilligen von Birdlife gemeinsam mit der Bevölkerung den Lebensraum der Moorente, der raren Italienischen Springfrösche sowie der Rohrdommeln. Gleichzeitig entstanden und entstehen aber auch naturverträgliche Freizeiteinrichtungen und Beobachtungsposten. „Das zieht immer mehr Gäste an und sorgt für Zufriedenheit unter den Bürgern", lobte ein Bürgermeister erst vor kurzem die Initiative. Finanziert wird dieses Projekt durch Geld aus dem EU-Förderprogramm LIFE-Nature, mit dem innovative Umwelt- und Naturschutzprojekte unterstützt werden.

Der zweite Eckpfeiler des Natura 2000-Projektes ist die Fauna-Flora-Habitat-Richtlinie. Sie enthält jene Punkte, die für die Erhaltung der natürlichen

Abendsonne leuchtet durch den Nebel nahe dem Reichenstein, Natura 2000-Gebiet *Eisenerzer Alpen*, Steiermark.

Buchenwald nach einem Schneesturm im Reichraminger Hintergebirge, Natura 2000-Gebiet *Kalkalpen,* Oberösterreich

Wie Perlen hängt der Morgentau auf einer Überschwemmungswiese im Natura 2000-Gebiet *Rheindelta,* Vorarlberg.

Knorrige Fichten in einem Urwald im Sengsengebirge, Natura 2000-Gebiet *Kalkalpen*, Oberösterreich

Lebensräume und damit für die Sicherung der Artenvielfalt, für das Überleben der wildlebenden Tiere und Pflanzen besonders wichtig sind. Durch die Anstrengungen von Umweltschutzvereinen, Regierungen sowie privater Öko-Pioniere kann man beispielsweise den Bergfrühling in den österreichischen Kalkalpen ohne neue „bautechnische Hindernisse“ genießen. Gerhard Heilingbrunner, Präsident des Umweltdachverbandes: „Im Gesäuse gibt es noch Almrauschgebüsch und Narzissenwiesen, die das Herz erfreuen und wunderschöne Erlebnisse möglich machen. Sie gelten europaweit als Naturschätze und sind gemäß der Richtlinie auf jeden Fall zu bewahren.“ Bewahren – ohne die mühsame Arbeit der Landwirte unmöglich zu machen: Wenn manche artenreichen Magerrasen nicht mehr beweidet werden, so übernehmen Allerweltsgräser und Gehölze die Herrschaft. Für seltene Orchideen, Schmetterlinge und Tiere ist dann plötzlich kein Platz mehr. Daher fördert das Natura 2000-Programm sogar das traditionelle und nachhaltige Wirtschaften der Bauern. Wie auch in Oberösterreich: Artenreiche Borstgras- oder Bürstlingsrasen finden sich in diesem Land auf Almflächen der mächtigen Kalkalpen. Kleine Restflächen gibt es aber auch im Mühlviertel. Der Bürstling ist eine überaus widerstandsfähige Pflanze, nur der Mensch kann ihn aus seiner natürlichen Umgebung verdrängen. An trockenen Böschungen findet man ihn gemeinsam mit Mausohr-Habichtskraut, Thymian und manchmal auch Silberdisteln. In nassen Bereichen des Mühlviertels wird er oft von Wald-Läusekraut und anderen Pflänzchen begleitet. In höheren Lagen treten oft Orchideen – wie die Mücken-Händelwurz – in den Borstgrasflächen auf. Daneben finden sich dort auch Böhmischer Enzian, Arnika oder der Alpen-Brandlattich. Eine Bewirtschaftung sollte durch ein- bis zweimalige Mahd erfolgen, auch eine extensive Beweidung ist – laut den Naturexperten der oberösterreichischen Landesregierung – auf dafür geeigneten Arealen denkbar – ganz wie es die Natur will.

Ein Beispiel für gelungene Zusammenarbeit: Viele Jahre unterstützte der WWF die Bemühungen, ein Kraftwerk an der Oberen Drau in Kärnten zu verhindern. Trotz starker Eingriffe in den Flussverlauf waren immer noch Eisvögel und Flussuferläufer zu finden. Das Kraftwerk wurde nicht gebaut, die Obere Drau zum Natura 2000-Gebiet erklärt und im Jahr 2000 startete auf WWF-Initiative eines der größten Flussrückbauprojekte in ganz Europa. Das Gewässer sollte auf einer Strecke von 60 Kilometern wieder in ein naturnahes Fluss-System zurückverwandelt werden. Mit einem Finanzaufwand von 6,3 Millionen Euro wurden Maßnahmen zum Arten-, Lebensraum- und Wasserschutz gesetzt. Ein Schwerpunkt lag im Rückbau des Ufers in Verbindung mit großzügigen Flussaufweitungen. Weiters beinhaltete das Projekt die Pflanzung neuer Auwaldbestände, die Neuerrichtung von Gewässern, die Wiederansiedlung von stark gefährdeten oder verschollenen Tier- und Pflanzenarten sowie andere spezielle Artenschutzmaßnahmen. „Nun wurde dieses Vorzeigeprojekt in einem Schreiben der Europäischen Kommission als ‚ausgesprochen eindrucksvolle Maßnahme, die Anerkennung verdient‘ gebührend gewürdigt“, freut sich der zuständige Wasserbaureferent, Landesrat Reinhart Rohr. Die Europäische Kommission gratuliert in dem Brief zur beeindruckenden Umsetzung der Bauarbeiten, der Revitalisierung, der Schaffung von Nebenarmen sowie der Installierung von dringend notwendigen Fischaufstiegen. „Sie haben hier weit mehr als im Projektantrag vorgesehen umgesetzt, wozu ich Sie ganz besonders beglückwünsche“, meinte Bruno Julien von der EU Generaldirektion für Umwelt. Nun soll das Projekt entlang der Drau von Spittal abwärts weitergeführt werden. Das Natura 2000-Gebiet „Obere Drau“ zwischen Oberdrauburg und Spittal umfasst derzeit einen ungefähr 68 km langen Abschnitt der Äschenregion.

Mit dem EU-Beitritt hat sich auch Österreich verpflichtet, die Vogelschutzrichtlinie und die Fauna-Flora-Habitat-Richtlinie umzusetzen und Fördermittel bereitzustellen. Dabei werden die von den Mitgliedstaaten vorgeschlagenen Natura 2000-Gebiete in neun biogeografische Regionen eingegliedert (boreale, kontinentale, atlantische, alpine, makronesische, mediterrane, pannonische Region, Steppenregion, Schwarzes Meer). Unsere Heimat Österreich hat Anteil an zwei dieser Regionen, und zwar an der alpinen Region (genau zwei Drittel der Landesfläche) und der kontinentalen Region (ein Drittel der Landesfläche). Konkret wurden von Österreich 212 Natura 2000-Gebiete mit etwa 65 Lebensraumtypen und einer Gesamtgröße von 1.187.000 ha (das entspricht 14,16 Prozent der Staatsfläche) in die nationalen Listen der einzelnen Bundesländer aufgenommen und nach Brüssel gemeldet. Die Umsetzung dieses Projektes ist zwar zwischen den Bundesländern abgestimmt und wird auch von der Verbindungsstelle der Bundesländer koordiniert, da der Naturschutz in Österreich aber traditionell Ländersache ist, sind für die Nominierung von Natura 2000-Schutzgebieten die Bundesländer zuständig, weshalb hier die Herangehensweise unterschiedlich ist: Oberösterreich hat zum Beispiel nur 6,12 Prozent der Fläche und fast ausschließlich nur Gebiete gemeldet, die bereits geschützt sind. Das Burgenland hingegen hat mehr als 27 Prozent der gesamten Landesfläche gemeldet. Das Land Tirol hat dreizehn Areale gemeldet, unter ihnen das Lechtal sowie das malerische Naturschutzgebiet Vilsalpsee. Das entspricht einem Anteil von knapp 15 Prozent der gesamten Landesfläche. Umweltminister Josef Pröll ist mit der Arbeit der regionalen Landtage zufrieden: „Die Regierungen der einzelnen Bundesländer haben versucht, die wichtigsten und schönsten Plätze herauszufiltern und zu erhalten. Gemeinsam werden wir diese Areale erhalten und bewahren.“

All diese Projekte haben auf den teilweise durchaus couragierten Naturschutz der vergangenen Jahre keinen negativen Einfluss: Die nationalen Kategorien wie Naturschutzgebiet, Nationalpark, Naturpark, Landschaftsschutzgebiet, Biosphärenpark bleiben durch die beiden europäischen Richtlinien unberührt. Die meisten Nationalparks und Naturschutzgebiete sind nun auch Teil des Natura 2000-Netzwerkes, ohne ihren speziellen Schutzstatus zu verändern.

Wenn auch das Ziel von Natura 2000 die Sicherung der Artenvielfalt und die Erhaltung der Lebensräume ist, so bedeutet sie aber nicht das Aus für die Arbeit von Bauern, Gewerbetreibenden, Bauherren und Holzfällern: Die Bewirtschaftung ist weiterhin möglich, sie wird sogar durch Anreizprogramme gefördert. „Keine Person, die mit dem sensiblen Öko-System zu tun hat, muss vor den EU-Plänen Angst haben. Eine von Holzknechten über Jahrhunderte geschaffene, einmalige Region darf doch nicht verschwinden. Sie zu erhalten ist das höchste Ziel", skizziert ein WWF-Mitarbeiter die Idee hinter diesem „Manifest für Natur und Tiere". Oft ist es sogar so, dass die traditionelle Land- und Forstwirtschaft die Grundlage für die Erreichung der Erhaltungsziele im Rahmen des Natura 2000-Programmes ist. Die Ausweisung als Schutzgebiet ist die Garantie dafür, dass außergewöhnliche Naturwerte bewahrt bleiben. Auch Feriengäste, Wanderer und Erholungssuchende sind natürlich nicht ausgeschlossen, weshalb diese Regionen ganz besonders für den sanften Tourismus interessant sind. Beobachtungszentren, Aussichtswarten und Informationseinrichtungen bereichern dann das touristische Angebot, und selbstverständlich dürfen Interessierte durch die verträumten Natura-Flächen schlendern. Das Umwelt- und Landwirtschaftsministerium gibt sogar Empfehlungen ab, wo sich besonders anziehende Orte befinden. Erlaubt ist alles, was das sensible Zusammenspiel der Natur nicht gefährdet. Somit bieten sich für die Bewohner der verwundbaren Areale zusätzliche wirtschaftliche Chancen: Zum Beispiel durch die Vermarktung von umweltfreundlich produzierten Schmankerln, wie Wein, Käse, Obst, Fisch, Wildbret, Schnäpse und vielem mehr. Damit die Landschaft in ihrer jetzigen Form erhalten bleibt, gilt allerdings das „Verschlechterungsverbot": Bestehende – fix definierte – grüne Inseln, Biotope und auch vom Menschen gestaltete Bereiche, dürfen ab sofort nicht mehr erheblich verändert werden. „Das bezieht sich vor allem auf die vereinbarten Schutzobjekte. Andere Bereiche können sehr wohl umgestaltet werden", erklärt dazu ein Sprecher des WWF. Auch die EU-Richtlinie spricht klare Worte: Die Mitgliedsstaaten müssen Maßnahmen treffen, um den Status quo zu bewahren. Geplante Flächenveränderungen, die Verbauung von geschützten Arealen oder die Störung von Tier- und Pflanzenarten werden durch eigene „Naturverträglichkeitsprüfungen" genau kontrolliert. Unter gewissen Umständen gilt dieser Schutz auch außerhalb der Natura 2000-Gebiete. So muss beispielsweise ein Kraftwerk, das vor den Grenzen dieser Zonen gebaut werden soll, extrem strenge Kriterien erfüllen. Denn nur so können seltene Arten überleben und die gestalterische Arbeit unserer Ahnen auch in Hunderten Jahren noch bestaunt und erlebt werden.

Die rechtlichen Maßnahmen und Verbote alleine reichen jedoch nicht aus, um Natur und Umwelt zu bewahren. Deshalb setzen die Kommission sowie die nationalen Parlamente auf die Zusammenarbeit zwischen Landbesitzern und allen jenen, welche die wertvollen Flächen in irgendeiner Weise nutzen. „Es stimmt nicht, dass Jagen in Natura 2000-Gebieten verboten ist. Auch die Eigentumsrechte und der Wert von Grund und Boden werden sicherlich nicht verändert. Nur wenn wir alle gemeinsam und bereitwillig für das ökologische System kämpfen, werden wir Erfolg haben", stellt Minister Josef Pröll klar. Die für die Bewirtschaftung notwendigen Managementpläne können nur auf vertraglicher Basis erstellt werden, bedürfen der Übereinkunft mit dem Grundeigentümer und sind in der Regel befristet. Für einige Lebensraumtypen ist allerdings nur ein unbefristeter Vertrag sinnvoll, zum Beispiel für Moore. Beim Artenschutz besteht ein größerer Spielraum, hier ist bei Schutzprogrammen meist viel Flexibilität möglich (Altholzinseln für den Vogelschutz, Feuchtlebensräume für wichtige Fischarten wie den Huchen und mehr). Da können in Abstimmung mit den zuständigen Behörden jeweils für einen bestimmten, mittelfristigen Zeitraum Ziele und Projekte eingerichtet werden. Und zwar dort, wo auch wirklich die Bereitschaft der Grundeigentümer vorhanden ist.

Die EU-Staaten reagieren also auf die Verpflichtung, wertvolle Lebensräume zu erhalten. Nun werden verschlungene Bächlein, Moore und Auwälder, Trockenrasen und Flüsse, Schluchtwälder und Gebirgslandschaften in das Natura 2000-Netz geknüpft, um damit scheuen Tieren, bunten Bergwiesen und geheimnisvollen Fledermäusen eine Zukunft zu geben. Um welche Naturschönheiten es dabei unter anderem für unsere Heimat geht? Zum Beispiel um den fragilen Frauenschuh, eine der prächtigsten Orchideen unserer Heimat, die die sonnigen Wälder in den wunderschönen Kalkalpen liebt. Damit diese zierliche Pflanze ebenso gedeiht wie unzählige andere Arten, steht nicht nur der Natura 2000-Schutz zur Verfügung: In vielen Staaten werden in die Flächen bereits weiträumige Pufferzonen einbezogen, damit es zu keinen Konflikten und Interessensschwierigkeiten kommen kann.
In der Steiermark sind 40 Natura 2000-Gebiete gemeldet: Eines davon sind die Flaumeichenwälder im Grazer Bergland, die auf einer Seehöhe von 430 Metern liegen. Das Gebiet zählt zu den Ausläufern des östlichen Grazer Berglandes, welches einen Teil des steirischen Randgebirges darstellt. Im Osten schließt

Vom letzten Hochwasser geschaffene „Sandbank“ im Natura 2000-Gebiet *Donau-Auen östlich von Wien,* Niederösterreich

Blick vom Marzellkamm zum Similaun (3606 m), Natura 2000-Gebiet *Ötztaler Alpen*, Tirol

Seite 15: Die Wintersonne beleuchtet im Eis eingefrorene Teichmuscheln, Natura 2000-Gebiet *Nationalpark Donau-Auen*, Wien.

das dem Alpenvorland zugehörige Steirische Riedelland an, im Südosten das Grazer Feld mit dem Gebiet der Landeshauptstadt und im Südwesten das Grazer Bergland. Geologisch zählt das beschriebene Gebiet zum Paläozoikum, zu sehen sind überwiegend Schichten der Dolomitsandstein-Folge. Ein Großteil dieses Gebietes zeichnet sich durch das Vorkommen außergewöhnlicher Pflanzen aus, die sich mit weiten Buchenwäldern abwechseln. Ein Spaziergang durch diese geschichtsträchtigen Forste lässt erkennen, wie wichtig das Überleben der Arten ist. Ein Gedanke, der sich in den letzten Jahren gefestigt hat.

Auch die Rückkehr der Bären, in der Europäischen Gemeinschaft als wichtige Art eingestuft, bedeutet eine Trendwende im Naturschutzdenken: Von manchen bisher als „feindliche" oder zumindest „problematische" Art angesehen, wurde den Tieren erstmals wieder ein Lebensrecht in der vom Menschen besiedelten Landschaft eingeräumt. Nach der Ausrottung der Bären in Österreich im 19. Jahrhundert gelang es durch die seit 1989 laufende Schutzinitiative, bis 1995 wieder eine Population von bis zu 25 Bären aufzubauen. Damit entstanden aber neue Probleme: Einzelne Tiere kommen zu dicht an Dörfer und Siedlungen heran, es gab Schäden, vor allem in der Imkerei und in der Landwirtschaft. Mit Hilfe des LIFE-Projekts konnte ein Konzept erarbeitet werden, das die Ziele und Leitlinien für den Bärenschutz in Österreich vorgibt. Ziel des Projekts war die Habitatsicherung, die Verbesserung der grenzüberschreitenden Zusammenarbeit, die Schulung von Fachleuten, die Information der Bevölkerung, die Schadensregelung sowie die Kontrolle von Meister Petz und Co. Wichtigster Punkt war die Sicherung der Akzeptanz innerhalb der Bevölkerung für die Rückkehr der Bären. Das Programm wurde von der „Arbeitsgemeinschaft Braunbär LIFE" durchgeführt, die aus dem WWF Österreich, der Wildbiologischen Gesellschaft München und dem Institut für Wildbiologie und Jagdwirtschaft der Universität für Bodenkultur Wien besteht.
Im 19. Jahrhundert, also zu jener Zeit, als in unseren Breiten der letzte Bär sein Leben aushauchte, waren noch weite Teile im Osten Österreichs von Wanderdünen bedeckt. Heute ist die Dynamik dieser Lebensräume nicht nur in Österreich, sondern im gesamten pannonischen Klimaraum – das betrifft Ungarn, die Slowakei und Jugoslawien – jedoch stark eingeschränkt, da großräumige Aufforstungen den Flugsand gestoppt haben. Weil es jetzt weniger vegetationsfreie Sandflächen gibt, sind Tiere und Pflanzen, die diese Umgebung brauchen, sehr stark gefährdet. Innerhalb der EU finden sich derartige Sanddünen nur mehr in Niederösterreich! Um den mit der Zerstörung der Dünen verbundenen Artenschwund doch noch zu stoppen, wird versucht, die letzten Überbleibsel dieser Lebensräume zu erhalten und für stark gefährdete sandresistente Arten dauerhaft zu sichern. Die Bewahrung erfolgt dabei durch Pacht oder – wenn gewünscht – einmalige Entschädigungszahlungen. Im Rahmen der Vorerhebungen wurden dabei viele äußerst gefährdete Spezies nachgewiesen. Einige der in diesen Regionen lebenden Arten, beispielsweise gefährdete Wildbienen, sind innerhalb der EU äußerst selten und treten teilweise nur im Bereich der pannonischen Sanddünen auf. Jetzt werden für diese Dünen Überlebenspläne ausgearbeitet. Dabei wird angestrebt, Pionierstadien zu schaffen und eine rasche Weiterentwicklung möglich zu machen. Dies kann unter anderem durch die verstärkte Rodung einiger ausgewählter Waldgebiete, aber auch das Entfernen der oberen Erdschichten sowie die Beweidung und Mahd der Gebiete erreicht werden.

Natura 2000 bedeutet nicht, dass Regierungen oder unbekannte Fachgremien „von irgendwo" in Zukunft – unter dem Motto „Wer zahlt, schafft an" – alles bestimmen. Ein begeisterter Landwirt und Jäger aus dem Burgenland erzählt: „Wir wollten selbst das Sagen haben." Er hat gemeinsam mit Berufs- und Waidkameraden die Organisation des Trappenschutzes im Gebiet der Parndorfer Platte übernommen. In der Gegend von Zurndorf liegen die letzten Brutgebiete der Vögel. Die Bauern haben gemeinsam mit Vertretern des Naturschutzes ein Programm entwickelt, das dafür sorgt, dass die Tiere sich nicht nur wohl fühlen, sondern auch die Population immer weiter ansteigt. Die wichtigsten Punke waren das Anlegen von Brachflächen mit einer Gräser-Klee-Mischung, das Verbot, Flächen zu befahren, auf denen Tiernester entdeckt wurden, das einmal jährliche Mähen oder Mulchen der Areale (und zwar erst ab 1. September, einer für die Trappen „ungefährlichen" Zeit), der Verzicht auf zusätzliche Windschutzgürtel sowie auf die Bekämpfung von Feldhamstern, Zieseln und Feldmäusen – dem natürlichen Nahrungsangebot für die Trappen. Die Landwirte werden für diese Pflege von ökologisch wertvollen Gebieten finanziell unterstützt, zusätzliche Maßnahmen werden extra entlohnt. Auch in anderen Bundesländern gibt es Dutzende ähnlicher Projekte, die gefördert werden. Vor allem Bauern, Förster und Jäger gehen – von Vorarlberg über Oberösterreich bis ins Burgenland –daran, ihre Umwelt zu verbessern, zu bewahren und den Bestand der Arten zu sichern.

Der Schutz der Umwelt kostet natürlich auch, wobei es Geld für die Bewahrer der Natur von verschiedener Seite gibt: so etwa im Rahmen von ÖPUL, einem Programm, mit dem vor allem die umweltschonende Bewirtschaftung von landwirtschaftlichen Flächen gefördert wird, über Interreg-Förderungen, einem EU-Programm zur Unterstützung der grenzüberschreitenden Zusammenarbeit oder über LIFE-Nature, dem wichtigsten Förderprogramm für Natura 2000-Projekte. Dabei handelt es sich um ein EU-Programm, das in erster

Morgenfrost in einem Überschwemmungsgebiet in den *Donau-Auen östlich von Wien*

Linie Vorhaben unterstützt, die auf den Erhalt und die Wiederherstellung natürlicher Lebensräume und seltener Tier- und Pflanzenarten abzielen. Für den Zeitraum 2000–2004 wurden seitens der EU dafür ca. 300 Mio. EUR zur Verfügung gestellt, womit Projekte mit bis zu 75 % der anfallenden Kosten gefördert werden können. So wurde etwa in Tirol die Renaturierung des Lech mit Geldern aus LIFE-Nature gefördert und auch in Niederösterreich kamen einige Naturschutz-Großprojekte in den Genuss dieser Fördermittel, so etwa der Nationalpark March-Thaya-Auen. Direkte Zuschüsse an Landwirte sind dabei möglich. Der Erhalt der Gelder ist mit bestimmten Voraussetzungen und Auflagen verbunden. Ansprechpartner für die Förderbedingungen sind die zuständigen Naturschutzbehörden der Bundesländer.

Durch den Beitritt der zehn neuen Mitgliedstaaten der EU am 1. Mai 2004 wird das zukünftige Schutznetz Natura 2000 um wertvolle Lebensräume sowie Arten bereichert. Die Fauna-Flora-Habitat-Richtlinie sowie die Vogelschutzrichtlinie sind Teil der Beitrittsakte und verpflichten die neuen Mitgliedsstaaten, sich an diesem Projekt zu beteiligen, und die zehn neuen Staaten haben auch schon ihre Gebietslisten festgelegt bzw. diese liegen schon im Rohentwurf vor. Das Natura 2000-Netz wird also unaufhaltsam größer und veranschaulicht die Bedeutung des europaweiten Naturschutzes, besonders auch angesichts der Tatsache, dass in Europa bereits sehr viele Tier- und Pflanzenarten, ja ganze Lebensräume für immer verloren gegangen sind. Und gerade wenn die Industrieländer von den weniger entwickelten Staaten erwarten, dass auch diese ihren Beitrag zum Naturschutz leisten – man denke nur an den Schutz des Regenwaldes in Südamerika –, gerade dann tragen auch sie Verantwortung für die Erhaltung ihrer Arten und Habitate. Die einheitliche EU-Gesetzgebung bringt hier Vorteile für das ökologische System und die betroffene Bevölkerung: Es gibt nachvollziehbare Vorgaben, die exakt erklärten Ziele schaffen Rechts- und Planungssicherheit. Sie ermöglichen das genaue Einschätzen der Verwirklichung von Projekten und die Beurteilung der Eingriffe in die Natur wird dadurch objektiviert.
Da nachhaltiger Naturschutz die Mithilfe aller Bürger benötigt, läuft diese Aktion jetzt mit voller Kraft an. Mit der Natur und nicht gegen sie zu wirtschaften, in Generationen zu denken und Ressourcen zu schonen – Natura 2000 kann als Länder umspannendes Projekt eine echte Chance bieten. Österreich ist hier Vorreiter. Denn unser Bundesgebiet hat eine Fülle von wertvollen Grüninseln, von einzigartigen Habitaten, um die uns andere Länder beneiden. Nur wenn die ökologischen Rahmenbedingungen stimmen, dann kann auch der Mensch, dann können wir Bürger davon profitieren. Damit es auch unseren Enkeln und Urenkeln noch möglich ist, durch freie, gesunde und unverbrauchte Natur zu streifen. Welche Gebiete deshalb geschützt werden, und was man dort alles erleben, sehen, spüren und schmecken kann, das finden Sie in diesem Bildband ...

Weiterführende Informationen zum Natura 2000-Projekt in Österreich finden Sie in dem Band: Ernst Zanini, Barbara Reithmayer (Hg.): *Natura 2000 in Österreich*. Wien • Graz: NWV Neuer Wissenschaftlicher Verlag 2004.

Wie Steinskulpturen erscheinen die ausgehöhlten und abgeschliffenen Felsen und zeugen von der Kraft der Enns im Natura 2000-Gebiet *Ennstaler Alpen – Gesäuse,* Steiermark.

Der Großvenediger spiegelt sich im „Auge Gottes"-Teich, Natura 2000-Gebiet *Hohe Tauern*, Tirol.

Seite 24: Alpendostblätter und Lärchennadeln bedecken ein ausgetrocknetes Feuchtbiotop im Natura 2000-Gebiet *Steirisches Dachsteinplateau.*

Blick durch Föhrenwald auf den Dobra-Stausee im Waldviertel, Natura 2000-Gebiet *Kamp- und Kremstal,* Niederösterreich

Der volle Mond versinkt an einem stillen Herbstmorgen hinter der Langen Lacke, Natura 2000-Gebiet *Neusiedler See – Seewinkel,* Burgenland.

Niederösterreich

Das Land der Weite

Wild und weise, unerforscht und doch erschlossen ist dieses weite Land Niederösterreich. Ein Platz, dem man sich mit aller gebotenen Geduld des Herzens nähern sollte. Und mit der ganzen behutsamen Neugierde eines Wanderers durch die eigene Seelenlandschaft. Denn unweigerlich wird der Zeitreisende zum Weltenwandler, der in all diesen Naturparadiesen doch auf seine innersten Gefühle zurückgeworfen wird. Doch auch die stürmischste Annäherung an diese Paradiese wird immer etwas an ungestillter Sehnsucht zurücklassen. Weil dieses Niederösterreich und seine Natura 2000-Gebiete etwas von allen geographischen Reizen, aber doch nur das Wesentliche, das Unverfälschte, das Zeitlose hat. Fast ganz in Grün kommt es daher, dieses Niederösterreich, dazwischen aber sind diese roten Tupfer von Mohn, das Gelb des Rapses und das Rostbraune der Waldviertler Flüsse. Die schmiegen sich auch anderswo, etwa im Schneeberg- und Raxgebiet – da aber türkis, so eng und harmonisch in die Landschaft, dass man vermeint, sie seien noch gar nicht entdeckt. Die Gedanken des Spurensuchers schweben über die Waldwipfel im Ötschermassiv, verfangen sich nach dem Flug von mächtigen Felsmassiven in der Weite der Weinviertler Klippenzone, schreiten über die Moose der Waldviertler Teich-, Heide- und Moorlandschaft und tauchen schließlich ein in das unergründlich dunkle Grün der Thaya. Das ist es ja, was den Reiz dieses Landes ausmacht. Denn ein Leben lang wird man nicht fertig mit der Spurensuche. Und jedes tiefe Tal, jede hohe Ebene, jedes versteckte Dorf und jeder tiefe Forst bietet der Seele neue Nahrung.

Von ihrer kostbarsten Seite zeigen sich etwa Niederösterreichs Natura 2000-Gebiete des Waldviertels – hart prallt das Granitherz rund um Heidenreichstein auf die weiche Seele der Region, die dunkel-unergründlichen Moore und die ebenso geheimnisvollen Seen. Und wer einmal das Schimmern der Nachtgestirne in den Mondteichen der Gmünder Blockheide miterlebt hat, weiß um die Ahnung der Ewigkeit, die sich in dieser weiten Landschaft endlos verliert. Moorfrösche und Sonnentau (eine insekten- und damit fleischfressende Pflanze) haben im Heidenreichsteiner Hochmoor und auch in jenem bei Schrems ein letztes Rückzugsgebiet gefunden. Und der Herrensee bei Litschau rühmt sich einer weiteren Kostbarkeit – des Hochmoorgelblings. Mag sein, dass sich auch der Elch in dieses Schutzgebiet von europäischer Bedeutung wagt und dass ihm auch der Wolf dicht auf den Fersen ist, faunistisch belegbare Tatsache jedenfalls sind weiter südlich schon Wildkatze und Luchs.

(Natur-)Frieden wird man vor allem im Kamptal finden. Seit Jahrtausenden liegt der rostbraun schäumende Fluss im Widerstreit mit den Granitfelsen. Und hat ihnen doch – etwa zwischen Wegscheid und Steinegg – einen Gutteil ihres Terrains abgejagt. In kleinen Kaskaden fast stürmt die Kamp ihrem Ziel, der Donau, entgegen. Als kleine Gischtzungen ist das Streben des Flusses oben von der Ruine Schauenstein wahrzunehmen. Unten aber an den Ufern – nur Tosen, Brausen und Gurgeln. Dort ist auch der Lebensraum der berühmten Kampforellen, des Fischotters und des mächtigen Uhus, der in allen Nächten seines Daseins nach etwas ruft, dass offenbar nicht antworten kann und will. Der Tag jedoch gehört ganz dem Schwarzstorch! Selbstsicher kreist der König des Kamptales über seinem Revier und lässt sich doch nicht in seine Beutekarten schauen. Vielleicht trägt er ja auch die Schöpfungsgeheimnisse mit sich – und gibt sein Wissen nur noch an die Elfen und Feen weiter, die sich in den mächtigen Farnwäldern verstecken sollen.

Auch das Thayatal bei Hardegg birgt Schätze der Natur – und es sind vor allem die tiefen Schluchten, in denen sich die Träume verfangen. Der Weg ist in Österreichs kleinstem Nationalpark definitiv das Ziel. Und unterwegs in diesem herrlichen Paradies aus dunklem Grün wird man auf Smaragdeidechsen, Flussperlmuscheln und ihre Brüder, die Flusskrebse, stoßen. Schon sucht hier der Seeadler nach Beute und schon soll auch die Wildkatze durch ihre neu gewon-

Trockenwiese mit Federgras in einem der seltensten Lebensräume Österreichs, Natura 2000-Gebiet *Pannonische Sanddünen*

nenen Reviere streifen. Mehrmals jedenfalls wurde bereits eine kleine Wilde gesichtet. Und auch anderswo macht sich die ungezähmte Verwandte auf leisen Pfoten an die Eroberung neuen Lebensraumes.

In Gedanken mag man ja in diesem herrlichen Mosaik an Naturlandschaften, die den Reiz des größten Bundeslandes ausmachen, sein Ziel erreichen. Doch die Realität wird eigentlich laufend von einer mystischen Gefühlswelt eingeholt. An den Ufern der mächtigen Voralpenflüsse etwa ist genug Raum zum Schauen und Staunen. Nehmen wir nur einmal die Pielach. Sie wird nicht zu Unrecht als Österreichs Eisvogelparadies bezeichnet. Denn immerhin brüten an den Ufern zwischen Spielberg, Schwarzenbach und Frankenfels, dort wo die Natters mit ihrem Gebirgswasser die Pielach so richtig stolz anschwellen lässt, fünf Prozent des nationalen Eisvogelbestandes. Der fliegende Diamant, wie er auch genannt wird, teilt sich seinen Lebensraum mit Raritäten wie der Grünen Keiljungfer, einer Libellenart so selten, dass sie auf die berüchtigten Roten Listen der vom Aussterben bedrohten Tierarten gesetzt werden musste. Zum Natura 2000-Gebiet hat es freilich nur die Strecke zwischen der Emmersdorfer Brücke (der Mündung) und der Steinklamm in Rabenstein geschafft. Doch auch an den anderen Uferabschnitten droht dem Fluss kein Ungemach. Darauf schaut etwa der Weinburger Bürgermeister Peter Kalteis. Noch lange vor der Nominierung der Region als Europaschutzgebiet ist er zum Schutz des botanischen Erbes der Ahnen aktiv geworden. Namens der Österreichischen Naturfreunde-Organisation, deren Vizepräsident er ist, hat Kalteis eine ebenso große wie erfolgreiche Auen-Freikaufaktion gestartet. Und somit hat das Eisvogelparadies eigentlich einen doppelten Schutzstatus. „Der steht ihr auch zu", wirft der Ortschef mit dem kämpferischen grünen Herzen ein. Wie recht er doch hat – denn die Pielach ist auch Heimat einer weiteren besonderen Art, des Donaulachses. Fischer kennen den Wasserbewohner freilich unter dem anderen, weit schlichteren Namen Huchen. Der mächtige Salmonide, der gut und gerne das Meter-Brittelmaß überspringt, wandert seit kurzem wieder zum Laichen in den Oberlauf der Pielach und ihrer Schwestergewässser, der Melk, der Traisen und der Mank. Ein aufwändiges EU-Projekt hat alle Wanderhindernisse beseitigt.

Ein Wanderer ist auch der Braunbär. Seine Heimat sind die Urwälder rund um das Ötschermassiv und den Dürrenstein – Schutzgebiete von höchster internationaler Öko-Bedeutung. Tapfer behauptet sich Meister Petz in einer Kopfzahl von etwa 30 Exemplaren in dieser undurchdringlichen Waldwildnis im südlichen Niederösterreich. Dem flüchtigen Wanderer wird er sich kaum jemals zeigen, doch ein sensibler Naturbeobachter hat gute Chancen, die Seele des Bären zu erahnen und ihm tatsächlich zu begegnen. „Ich weiß, dass er da ist. Doch gezeigt hat er sich mir noch nicht", muss Michael Schmidtkunz gestehen. Der junge Förster ist der Hüter eines ganz besonderen Naturparadieses – eines Urwaldes, den „Kronen Zeitung"-Gründer Gustav Davis einst vor 100 Jahren außer Nutzen stellen ließ. Bis heute ist die Wildnis bei Hollenstein unberührt von Menschenhand geblieben. Und so können der Steinadler in den Lüften und Meister Petz am Waldboden unbeirrt ihre Kreise ziehen.

Es ist so unendlich weit dieses Mosaik an Natura 2000-Gebieten, dass die Gedanken weit fliegen können ohne jemals an ihre Grenzen zu stoßen – etwa bis an die Donau in die Wachau und über den Jauerling mit dem Kremstal in Reichweite. Nicht zu vergessen: Der Wienerwald, über dessen Natura 2000-Refugien neben privaten Forstbesitzern auch die Österreichischen Bundesforste ihre schützende Hand halten. Man kennt und schätzt es, das Machland-Süd mit seinen Wachtelkönigvorkommen, man wagt sich vor in die pannonischen Sanddünen, die wüstenähnlich dem Bienenfresser Schutz- und Lebensraum bieten und man fühlt sich als Forschungspionier am Bisamberg.

Doch die kluge Natura 2000-Strategie hat auch zur Entdeckung vieler weitgehend unbekannter Schätze beigetragen. Südlich vom Bahnhof in Marchegg liegt so ein bislang weißer Fleck auf fast allen ökologischen Karten. Einheimischen ist die Lange Luss freilich seit Generationen ein Begriff für Naturschönheit und unberührte Lieblichkeit, die doch nur ein kümmerliches Relikt einstiger Größe sein kann. Die March kann sich hier bei Hochwasser auf einer Fläche von mehr als 400 Hektar ausbreiten. Wie sonst an keinem anderen Gewässerabschnitt des Donau-March-Raumes gewinnt man einen Eindruck vom Aussehen eines überschwemmten Auenvorlandes. „Ein Trittsteinbiotop für wandernde Tierarten und ein Brutgebiet für seltene Vogelspezies noch dazu", frohlockt der Naturschutzbund. An ornithologischen Kostbarkeiten listen die Umweltbewahrer den Großen Brachvogel, die Uferschnepfe oder die Wiesenweihe auf. Und denen soll es in Hinkunft noch besser gehen. Gemeinsam mit dem Distelverein, der freilich sanften ökologischen Speerspitze der Region wurden Äcker brachgelegt und wieder in Wiesen verwandelt. Und siehe da – das temporär überschwemmte Grün lockt auch wieder die winzigen Urzeitkrebse an. Sieben Arten sind in der Langen Luss nachgewiesen und damit ist dieses Gebiet eines der wichtigsten mitteleuropäischen Refugien für diese Winzlinge, die Jahrtausende – und sogar den Ansturm der Zivilisation der Neuzeit überlebt haben.

Alles fügt sich in diesem Niederösterreich zu einem zauberhaften Ganzen. Dort wo geschützt werden kann und darf ist die Harmonie der Schöpfung perfekt – von den Gipfeln von Rax und Schneeberg bis an die Weinviertler Klippenzone und in die Hundsheimer Berge, von den Tullnerfelder Donau-Auen bis zur Feuchten Ebene der Leitha – Natura 2000 als letztes Rückzugsgebiet für Seele und Geist ...

Nach einem heftigen Sommergewitter liegt eine Nebelbank über der Thaya, Natura 2000-Gebiet *Thayatal bei Hardegg.*

Die aufgehende Sonne beleuchtet eine Überschwemmungswiese nahe Marchegg, Natura 2000-Gebiet *March-Thaya-Auen*

Seite 33: Sonnenstrahlen streichen um eine von Morgennebel umhüllte Weide an der Leitha, Natura 2000-Gebiet *Feuchte Ebene – Leithaauen*

Herbstlicher Buchenwald entlang der Schwarza im Höllental, Natura 2000-Gebiet *Nordöstliche Randalpen*

Vom ersten Schmelzwasser angeschwollen, fließt die Erlauf durch die Ötschergräben, Natura 2000-Gebiet *Ötscher – Dürrenstein*.

Blutweiderich säumt den Winkelauer Teich, nahe Heidenreichstein im August, Natura 2000-Gebiet *Waldviertler Teich-, Heide- und Moorlandschaft.*

Seite 37: Herbstzeitlosen auf einer Wiese im Wienerwald, Natura 2000-Gebiet *Wienerwald – Thermenregion*

Frostiger Wintertag bei Schönau in den *Donau-Auen östlich von Wien*

Gefrierender Kaja-Bach im *Thayatal bei Hardegg*

Die so genannten Koboldsteine in der Blockheide bei Gmünd, Natura 2000-Gebiet *Waldviertler Teich-, Heide- und Moorlandschaft*

Ausblick vom Jauerling auf die Wachau bei Sonnenaufgang, Natura 2000-Gebiet *Wachau – Jauerling*

Unberührte Flusslandschaft entlang des Kamp zwischen Wegscheid und Rosenburg, Natura 2000-Gebiet *Kamp- und Kremstal*

Herbstimpression an der Pielach, Natura 2000-Gebiet *Niederösterreichische Alpenvorlandflüsse*

Winterimpression im Hochmoor der Gemeindeau bei Heidenreichstein, Natura 2000-Gebiet *Waldviertler Teich-, Heide- und Moorlandschaft*

Seite 44: Tiefer Winter in den *Hundsheimer Bergen*

Sonne blinzelt durch den Morgennebel in den *Donau-Auen östlich von Wien.*

Seite 46: Ausblick von der „Himmelsleiter" auf das nebelverhangene Hochmoor bei Schrems, Natura 2000-Gebiet *Waldviertler Teich-, Heide- und Moorlandschaft*

Der wärmeliebende und seltene Diptam auf einer Wiese am Aichkogel, Natura 2000-Gebiet *Wienerwald – Thermenregion*

Nr. auf Info-Karte	Gebietsbezeichnung	*Beschreibung*	Fläche in ha
22	**Bisamberg**	*Rasen- und Wiesenflächen, Laubwald*	362
19	**Donau-Auen östlich von Wien**	*Ausgedehnte Aulandschaft mit unterschiedlichen Biotopen*	9.713
20	**Feuchte Ebene – Leithaauen**	*Flachmoore, Feuchtwiesen, Auwälder*	7.345
21	**Hundsheimer Berge**	*Trockenrasen, Eichenwälder*	2.149
4	**Kamp- und Kremstal**	*Ausgedehnte Flusslandschaft mit unterschiedlichen Biotopen*	28.212
5	**Machland Süd**	*Au- und Überschwemmungsgebiet*	1.663
23	**March-Thaya-Auen**	*Ausgedehnte Aulandschaft, Feuchtwiesen*	10.685
6	**Niederösterreichische Alpenvorlandflüsse**	*Mehrere naturnahe Flusslandschaften*	7.212
14	**Nordöstliche Randalpen**	*Kalkgebirge mit unterschiedlichsten Biotopen*	65.260
7	**Ötscher – Dürrenstein**	*Kalkgebirge mit urtümlichen Laubmischwäldern*	45.684
2	**Pannonische Sanddünen**	*Binnendünengebiet*	2.522
18	**Sandboden und Praterterrasse**	*Trockenrasen*	15.430
15	**Steinfeld**	*Trocken- und Halbtrockenrasen*	12.322
3	**Strudengau – Nibelungengau**	*Schlucht- und Hangmischwälder, Buchenwälder*	4.830
11	**Thayatal bei Hardegg**	*Naturnahe Flusslandschaft mit unterschiedlichen Biotopen*	4.417
10	**Truppenübungsplatz Allentsteig**	*Ausgedehntes militärisches Übungsgelände mit unterschiedlichen Biotopen*	11.063
13	**Tullnerfelder Donau-Auen**	*Aulandschaft*	17.994
8	**Wachau**	*Donaudurchbruchstal*	18.221
9	**Wachau – Jauerling**	*Magerwiesen, Laubmischwälder*	21.224
1	**Waldviertler Teich-, Heide- und Moorlandschaft**	*Hochmoore, Bruchwälder, Heidelandschaften*	44.159
17	**Weinviertler Klippenzone**	*Trocken- und Halbtrockenrasen, Eichen-, Hainbuchenwälder*	3.185
12	**Westliches Weinviertel**	*Eichen-, Hainbuchenwälder*	13.973
16	**Wienerwald – Thermenregion**	*Großes Laubmischwaldgebiet*	82.396

Burgenland

Land voller Leben

Das Burgenland ist voller Leben! Fauna und Flora stellen unwiederbringliche Marksteine in der Geschichte der Natur dar. Das jüngste Bundesland Österreichs ist auch eines der attraktivsten: Vom Aussterben bedrohte Krebse in den kleinen Bächlein, geheimnisvolle Höhlen in der Hügellandschaft, seltene Fledermausarten, die sich nachts in die Lüfte erheben. Damit diese eindrucksvollen Relikte unserer Heimat auch von den nächsten Generationen erlebt, gefühlt und gesehen werden können, ist der Schutz der einmaligen grünen Kleinode besonders wichtig. Vom Norden bis in den Süden ziehen sich die ökologisch einmaligen Orte wie eine Perlenkette durchs Land. Aufgrund des europaweiten Natura 2000-Projektes besteht erstmals die Chance, alle wertvollen Areale langfristig und nachhaltig zu bewahren. 15 ausgewählte Regionen sind es, die Politiker, Landwirte, Jäger und Bürger gemeinsam unter diesen besonderen Schutz gestellt haben. Hunderte Quadratkilometer, die das pure Leben eines Landes darstellen, das einen Brückenkopf zwischen der alten und der neuen EU bildet. Diese Brückenkopffunktion haben auch die Natura 2000-Gebiete im Umweltbereich – hier wächst es, gedeiht und brütet es. Flora und Fauna können sich hier regenerieren und die bunte Vielfalt des Lebens zeigen. Wie wichtig dieses Projekt den Verantwortlichen ist, zeigt die Tatsache, dass mit den 15 Natura 2000-Gebieten mehr als 27 Prozent der Landesfläche unter diesen speziellen Schutz gestellt wurden, damit liegt das Burgenland an der Spitze der Bundesländer. Darüber hinaus zeichnet sich dieses Bundesland auch dadurch aus, dass es insgesamt rund 33 Prozent der Landesfläche (ca. 130.00 Hektar) als bewahrenswerte Gebiete ausgewiesen hat. Es handelt sich dabei um Naturschutzgebiete, Natura 2000-Gebiete, einen Nationalpark, Landschaftsschutzgebiete, Naturparks, Natur- und Landschaftsschutzgebiete, zwei geschützte Lebensräume sowie einen geschützten Landesteil. Die dafür nötigen Geldmittel wurden für das Jahr 2004 auf mehr als 11 Millionen Euro vervierfacht! Die Subventionen konnten in den vergangenen Jahren über eine Ausweitung des traditionellen Naturschutzbudgets auf 1,2 Millionen Euro erhöht werden. Der Rest des Geldes kommt aus den ÖPUL- und Nationalpark-Finanzierungstöpfen. Damit ist das Burgenland auch in diesem Bereich eindeutiger Spitzenreiter.

Blühender Duftseidelbast verbreitet sein angenehmes Aroma im Natura 2000-Gebiet *Siegendorfer Puszta und Heide.*

Vom mehr als 7.000 Hektar großen Vogelschutzgebiet auf der Parndorfer Platte im Norden des Landes bis zu den Lafnitzauen im Süden sind Gebiete ausgewiesen, die einmalige Kleinode der Ökologie beheimaten.

Keine andere Region Europas kann mehr internationale Auszeichnungen vorweisen als der Neusiedler See: Weltkulturerbe und Biosphärenreservat und natürlich auch Natura 2000-Gebiet. Den Menschen die Vielfalt seltener Arten in den Lebensräumen zwischen Alpen und Puszta näher zu bringen, ist Ziel des Naturpark-Projekts. Ein Mitarbeiter der Nationalparkgesellschaft erklärt: „Der Blick auf die Landkarte trügt: Die Staatsgrenze zwischen Österreich und Ungarn folgt nicht der Grenze zwischen verschiedenen Naturräumen. Das Gebiet rund um den See liegt, wie der Steppensee selbst, zwischen den letzten sichtbaren Ausläufern der Alpen und der Kleinen Ungarischen Tiefebene, der westlichsten Steppenlandschaft Europas.“ Dieses Idyll der Natur wird im Westen durch das eindrucksvolle Leithagebirge begrenzt. Im Norden liegt die 200 Quadratkilometer große Schotterterrasse der Parndorfer Platte. Im Südosten, größtenteils auf ungarischem Staatsgebiet, dehnt sich der „Hanság“ auf etwa 460 Quadratkilometern aus. Im Osten, zwischen Parndorfer Platte und Einserkanal, erstreckt sich die Tiefebene des Seewinkels auf ungefähr 450 Quadratkilometern. An der tiefsten Stelle der Kleinen Ungarischen Tiefebene liegt der Neusiedler See in einer abflusslosen Wanne auf rund 113 Meter Seehöhe. Derzeit wird die Fläche des bei starken Winden sehr rauen Gewässers auf 320 Quadratkilometer geschätzt, in den letzten Jahren trocknete das „Meer der Wiener“ aber immer mehr aus. In den Schutzgebieten setzt auch der in Europa seltener werdende Storch auf der Suche nach Leckerbissen sorgfältig Fuß um Fuß ins Sumpfgebiet. Zwischen dem Ostufer des Neusiedler Sees und dem ungarischen Teil existieren noch 45 Lacken, die wie kein anderes Landschaftselement den Charakter des

Seewinkels prägen. Im Wechsel der Jahreszeiten schwanken diese salzhaltigen Gewässer zwischen 70 Zentimeter Tiefe und völliger Austrocknung. Vor allem die Niederschläge im Herbst und Winter gleichen die starke Verdunstung durch Wind und Sonne aus. Der Großteil der ursprünglich mehr als 100 Lacken ging allerdings durch menschliche Eingriffe verloren. Typische Bewohner der Lacken sind laut Forschern des Nationalparks Säbelschnäbler und Seeregenpfeifer, die wie viele weitere Arten hier ihr einziges Brutvorkommen in Österreich haben. Die wichtigen Verlandungszonen – Wiesen und Weiden um die Lacken – werden auch von Graugänsen, Entenarten, Möwen und Seeschwalben bewohnt. Am Festland prägten Eichenwälder vor der Besiedlung durch alte Kulturen das Landschaftsbild des Seewinkels. Extrem trockene oder salzhaltige Stellen wiesen schon damals geringen oder gar keinen Pflanzenwuchs auf. Die heutige offene Landschaft des Seewinkels ist Resultat der menschlichen Eingriffe über Jahrhunderte. Zuerst wurde gerodet, dann folgte die Entwässerung. Mit Geld aus den Natura-Töpfen soll diese erlebnisreiche Kulturlandschaft nun so erhalten werden, wie sie ist.

Auf Beschluss der Burgenländischen Landesregierung wurden auch das Mattersburger Hügelland sowie der Heideboden auf der Parndorfer Platte als besondere Vogelschutzgebiete ausgewiesen. „Wir haben damit die Naturschutz-Vorreiterrolle des Burgenlandes innerhalb Österreichs weiter ausgebaut und sind auch bei den Natura 2000-Flächen mit Abstand die Nummer 1", erklärt Umweltlandesrat Paul Rittsteuer. Der Heideboden auf der Parndorfer Platte umfasst Teile der freien Landschaft der Gemeinden Zurndorf, Nickelsdorf, Pama, Deutsch Jahrndorf, Gattendorf und Neudorf. Besondere Bedeutung hat die Parndorfer Platte durch das Vorkommen der Großtrappe sowie von Wiesenweihe, Kaiseradler, Sakerfalke, Rotfußfalke und Sumpfohreule. Im Mattersburger Hügelland beherbergt das Natura 2000-Gebiet eine Fläche von mehr als 2.500 Hektar und erstreckt sich über Teile der Gemeinden Draßburg, Forchtenstein, Loipersbach, Marz, Mattersburg, Pöttsching, Rohrbach, Schattendorf, Sieggraben, Wiesen, Pöttelsdorf und Zemendorf. Die einzigartige Wichtigkeit der Region liegt im Vorkommen der seltenen Zwergohreulen, 70 Prozent des gesamten österreichweiten Brutvorkommens konzentrieren sich hier. Heidelerche und Steinkauz sowie andere Brutvogelarten bauen in dem weitläufigen Areal ebenfalls gerne ihr Nest.

Die jahrtausendealte Grenzlinie, die der Fluss Lafnitz zieht, hatte bereits während der Römerzeit große Bedeutung und bildet noch heute zwischen den Ortschaften Neustift und Fürstenfeld die Grenze zwischen dem Burgenland und der Steiermark. Doch diese Grenze trennt nicht, sie verbindet: Von der kristallklaren Quelle bis zur Mündung in die Raab beherbergt das Gewässer Tiere und Pflanzen, die Seltenheitswert haben. Die Renaturierung der Lafnitz – viel zu enge Hochwasserverbauungen wurden entfernt – trug dazu bei, dass sich die natürliche Vielfalt wieder ausbreiten konnte. Jetzt gibt es sogar kleinere Bereiche von Sumpfwäldern, in denen vor allem Erlen- und Grauweiden prächtig wachsen. Über eine Strecke von elf Kilometern gilt die Lafnitz sogar als Wildbach. Der unregulierte, frei mäandierende Flusslauf ist bis zur Stögersbachmündung vier Kilometer lang in seiner ursprünglichen Ausprägung erhalten geblieben – einzigartig in ganz Mitteleuropa! Und mit beinahe 40 Flussschlingen ist das Naturschutzgebiet der am reichsten gegliederte Abschnitt des gesamten Verlaufes des Grenzflusses.

Das 25.000 Hektar große Landschaftsschutzgebiet „Bernstein-Rechnitz-Lockenhaus" wiederum umfasst das Bernsteiner- und Günser-Bergland. Im Raum von Bernstein sind die Pflanzen einem ganz besonderen „Giftcocktail" ausgesetzt: Auf den Böden, die über dem größten Serpentinvorkommen Österreichs liegen, erwärmt sich das dunkle Gestein bei Sonneneinstrahlung sehr rasch und trocknet durch seine Wasserdurchlässigkeit rasch aus. Die trockenen, nährstoffarmen Böden enthalten außerdem überdurchschnittlich viel Magnesium und giftige Schwermetalle wie Nickel und Chrom. Das führt dazu, dass nur wenige, vielfach verkümmerte Arten anzutreffen sind. Aber genau dieser Zwergen- und Krüppelwuchs schafft eine einmalige Vegetation, die sonst nirgends zu sehen ist.

Rund zwanzig Gemeinden teilen sich das etwa 14.100 Hektar große Landschaftsschutzgebiet Südburgenländisches Hügel- und Terrassenland. Es umfasst mehrere für das Südburgenland charakteristische Landschaften zwischen dem Pinka- und Stremtal. Der malerische Durchbruch der Pinka durch die südburgenländische Schwelle zwischen Woppendorf und Burg vollzieht sich in einer sehenswerten Engtalstrecke. Der von Augehölzen umsäumte Bachlauf der Pinka grenzt an steile Hangwälder und Felsabbrüche mit einer bemerkenswerten Vegetation. Südlich der Mündung des Tauchenbaches erhebt sich der Eisenberg. Hier wurden urgeschichtliche Eisenschmelzstätten gefunden. An die Südhänge des Eisenberges schmiegen sich Weingärten, die von Trockenrasen und Waldsäumen durchsetzt sind. Aus der geschlossenen Waldlandschaft der Tschaterberge erheben sich auf rund 365 Meter Seehöhe ebenfalls Weinanbaugebiete. Rundherum dichte, gut ausgebildete Eichenwälder.

Damit all diese Naturschätze auch gesichert bleiben, hat der Naturschutzbund Burgenland bereits große Teile der Landesfläche kartiert. Die weitere Erhebung dafür wird jetzt schwerpunktmäßig in den Natura 2000-Gebieten durchgeführt. Aber auch die Erfassung wertvoller Gebiete außerhalb der Schutzareale geht zügig voran. Ende des Jahres 2004 soll die Spurensuche nach wertvollen Pflanzen und Tieren endgültig abgeschlossen sein. Landesrat Rittsteuer: „Mit dieser Information wollen wir die Blüten, Blätter und Lebewesen für die nächsten Generationen bewahren."

Sommerimpression einer Wiese am Waldrand im *Südburgenländischen Hügel- und Terrassenland.*

Schneebedeckte Schilfzone am Neusiedler See, Natura 2000-Gebiet *Neusiedler See – Seewinkel*

Seite 55: Küchenschellen blühen zeitig im Jahr im Trockenrasen bei St. Margarethen, Natura 2000-Gebiet *Neusiedler See – Seewinkel.*

Salzmelde wächst am ausgetrockneten Boden der Neubruchlacke, Natura 2000-Gebiet *Neusiedler See – Seewinkel.*

Sonnenaufgang im späten Hochsommer über der ausgetrockneten Neubruchlacke, Natura 2000-Gebiet *Neusiedler See – Seewinkel*

Schlaf-, Klatschmohn und Vogelwicke bringen bunte Farbtupfer in die Landschaft, Natura 2000-Gebiet *Nordöstliches Leithagebirge*.

Seite 58: Herbstwald mit Fliegenpilzen im Natura 2000-Gebiet *Bernstein-Lockenhaus-Rechnitz*

Taunasser Frühlingsmorgen mit gelben Schwertlilien im Natura 2000-Gebiet *Auwiesen Zickenbachtal*

Seite 60: Reiherspuren im schlammigen Boden und Schilfzelte am Ufer säumen die Fuchslochlacke, Natura 2000-Gebiet *Neusiedler See – Seewinkel.*

Das frische Grün einer knorrigen Eiche leuchtet im Gegenlicht der Morgensonne in den *Lafnitzauen*.

Seite 63: Zwergschwertlilien und Traubenhyazinthen im Naturschutzgebiet Thenau, Natura 2000-Gebiet *Neusiedler See – Seewinkel*.

Stille Morgendämmerung im Winter mit untergehendem Mond am Warmsee, Natura 2000-Gebiet *Neusiedler See – Seewinkel.*

Nr. auf Info-Karte	**Gebietsbezeichnung**	*Beschreibung*	Fläche in ha
27	**Auwiesen Zickenbachtal**	*Überschwemmungswiesen*	40
29	**Bernstein-Lockenhaus-Rechnitz**	*Laubmischwald mit unterschiedlichen Biotopen*	25.000
33	**Frauenwiesen**	*Feuchtwiesen-Landschaft*	29,729
32	**Haidel bei Nickelsdorf**	*Heidelandschaft*	12
36	**Hangwiesen Rohrbach-Schattendorf-Loipersbach einschließlich NSG Rohrbacher Kogel**	*Ausgedehnte Wiesenlandschaften, Laubmischwald*	105,332
28	**Lafnitzauen**	*Auwald, Feuchtwiesen*	566,327
37	**Mattersburger Hügelland**	*Naturwaldreservat*	2.577
38	**Naturwaldreservat Lange Leiten Neckenmarkt**	*Laubmischwald mit unterschiedlichen Biotopen*	29
35	**Neusiedler See – Seewinkel**	*Ausgedehnter Steppensee mit unterschiedlichen Biotopen*	41.735
24	**Nordöstliches Leithagebirge**	*Trockenrasen*	6.317
30	**Parndorfer Heide**	*Heidelandschaft*	10
31	**Parndorfer Platte – Heideboden**	*Heidelandschaft*	7.720
25	**Siegendorfer Puszta und Heide**	*Heidelandschaft*	31
26	**Südburgenländisches Hügel- und Terrassenland**	*Mischwald und Trockenrasen*	14.104,3
34	**Zurndorfer Eichenwald und Hutweide**	*Laubwald, Trockenrasen*	150

Steiermark

Ein grünes Herz

Die Grüne Mark – die Steiermark, sie verspricht Erholungssuchenden klare Gebirgsquellen, grüne, saftige Wiesen, idyllische Berge und singende Wälder (55 Prozent der Fläche sind bewaldet). Die Bauern kultivieren auf den weiten Feldern Getreide, Kürbisse und Spezialitäten wie Spinat und Spargel. Und in der Südsteiermark wachsen in den Weingärten einige der besten Rebsorten Österreichs. Die Natura 2000-Idee ist es, die dieses fruchtbare, wertvolle Land für immer erhalten soll. 40 Gebiete hat die Landesregierung in Kooperation mit Bauern, Wirtschaftstreibenden, Öko-Pionieren und Bürgern als „besonders schützenswert" gekennzeichnet, über 2.000 Quadratkilometer pures Leben, reinste Natur.

Beispielsweise das stark bewaldete, an Fichten und Rotföhren reiche Jogl- sowie Wechselland. Alte Birnbaumbestände und grüne Wiesen prägen die Region. Das Areal wird beinahe zur Gänze land- und forstwirtschaftlich genutzt. Aus den Gras bewachsenen Ebenen steigt der Schwarzstorch in die Lüfte. Und hier brütet noch der Wachtelkönig. Die Berge des Jogllandes bilden das nordöstliche Ende der Zentralalpen. Das Habitat zieht sich bis zum Wechselgebiet, im Osten bis zur Landesgrenze Niederösterreichs. Das Joglland ist – so wie einst, als unsere Vorfahren durch die Forste streiften – stark bewaldet. Dann ließen sich die ersten Menschen in der fruchtbaren Region nieder und rodeten große Waldflächen. Es entstanden baumfreie Zonen, die noch heute von Landwirten genutzt werden. In diesem Gebiet befinden sich kleine Siedlungen und versprengt liegende Gehöfte. Am Rande der Behausungen stehen noch alte Birnbäume, von denen man im Herbst die eine oder andere Frucht pflücken kann.

In der Feistritzklamm bei Herberstein kann man etwas ganz anderes erleben: Im Übergangsbereich vom Steirischen Randgebirge in das Hügelland der Oststeiermark finden Naturinteressierte unterschiedlichste Biotope. Die Sonne strahlt durch die mit Trockenrasen durchsetzten Felsfluren, Schluchtwälder wechseln sich mit üppigen Hochstauden ab. In manchen Bereichen erinnert die Gegend an eine Parklandschaft – mit frei stehenden Bäumen, schattigen Platzerln und den naturnahen Uferbereichen der Feistritz. Dieser Geländetyp bietet unterschiedlichsten Käfern und Schmetterlingen ideale Entwicklungsmöglichkeiten. Hier leben zahlreiche Arten, die sonst nirgendwo in Österreich zu finden sind. Ein Mitarbeiter der Steirischen Umweltabteilung erklärt: „Nicht weniger als 41 Arten der bisher nachgewiesenen Käfer stehen auf den Roten Listen gefährdeter Tiere Österreichs. Vier davon sind auch in den Fauna-Flora-Habitat-Richtlinien der Europäischen Union angeführt."

Am Ostabfall der Koralpe liegt ein weiteres Natura 2000-Gebiet: Die Schwarze und Weiße Sulm. Die Schwarze Sulm ist geschützt vom Ursprung bis zum Ende des Schluchtgebietes oberhalb von Schwanberg – genauso wie die beiden vorgelagerten Abschnitte der Weißen Sulm oberhalb der Talweitung. Bei einem idyllischen Gasthaus zeigt sich, dass der Mensch hin und wieder in die Natur eingreifen muss: Ein Hochwasserrückhaltebecken sorgt für Sicherheit. In den Tälern gedeiht das Leben, die Region bei Wernersdorf zählt wegen ihrer Natürlichkeit, aber auch wegen der zahlreichen, größtenteils an den Nahbereich der Flüsse gebundenen Lebensräume zu den ursprünglichsten Schluchtstrecken Österreichs. Das Schutzgebiet umfasst das Wassergut und auch die auf den Unterhängen gelegenen Lebensräume.

Das Ennstal stellt mit seinem Flusslauf, den großen Waldbeständen und den Altarmen der Enns, Mooren, Sträuchergruppen, den ausgedehnten, landwirtschaftlich genutzten Feuchtwiesen, Wasserflächen und Feldhölzern einen Naturraum höchster Wichtigkeit dar. Dieses Habitat wird seit seiner Entstehung von den Überschwemmungen des Flusses geprägt. Die Schwankungen des Grundwassers sind ein wichtiger Faktor für das Funktionieren der Lebenskreisläufe. Flut und Trockenzeiten, die Arbeit der Bauern in Form traditioneller Mäh- und Streuwiesennutzung brachten eine besondere Artenvielfalt bei Pflanzen und Tieren hervor. Die meisten Arten wachsen, brüten und gedeihen in den großen

Naturnahe Uferzone und Auwald an der Mur im Bereich der Puxer Wand,
Natura 2000-Gebiet *Obere Mur*

Feuchtgebieten. Bei diesen Rückzugsoasen der Natur handelt es sich um die stillen Altarme, die verschwiegenen Auwälder und fruchtbaren Feuchtwiesen zwischen den Orten Niederstuttern und Trautenfels, im Gebiet des Niederhofener Ennsaltarmes und der Leistenbachau und im Bereich des Wörschacher Mooses mit seiner idyllischen Umgebung. Auch in der Region um die Bezirkshauptstadt Liezen ist die Natur noch so, wie sie sein soll. Das Wörschacher Moos ist das größte des steirischen Ennstales mit einer Moorfläche von 178 Hektar. Ganz nahe an der Enns gelegen bildet es einen landschaftlichen Zentralpunkt im Ennstal. Der Hauptbereich des Moors ist stark überwuchert, Heidelandschaft macht sich breit. Der ursprüngliche Moorcharakter ist infolge starker Entwässerungen bis auf einige Reste verschwunden. Die vorher vorhandenen Flachmoorbereiche wurden für die Landwirtschaft geopfert – ein nicht wieder gutzumachender Eingriff. Nun sind die letzten Reste dieses Habitates aber für immer geschützt! An den Rändern des Biotops und in den längst aufgelassenen Torfstichen befindet sich jetzt eine vielfältige Flora und Fauna mit Hochmoorschlenken und -bulten, die hier genügend Zeit zum Regenerieren und Wachsen haben.

Die Mur – jener Fluss, der die Geschichte der Steiermark geprägt hat wie kaum ein anderes Gewässer – ist im Ober- und Mittellauf ebenfalls geschützt. Der „steirische Fluss“ entspringt in ungefähr 1.950 Meter Seehöhe in Form einer Schuttquelle am Flachkar in den salzburgischen Zentralalpen. Nach 453 Kilometern mündet sie in die Drau. Im Bericht der Steirischen Umweltabteilung wird der Verlauf wie folgt beschrieben: „Im inneralpinen Murgebiet durchfließt der Fluss zunächst die Zentralalpen. Die Grauwackenzone streift das Murtal, indem sie vom Enns-, Liesingtal in das Mürztal zieht. Ab Bruck durchbricht die Mur das Steirische Randgebirge und das Grazer Bergland. Das außeralpine Murgebiet umfasst das Steirische Becken, welches als Teil des pannonischen Senkungsfeldes von diesem durch die südburgenländische Schwelle getrennt ist. Ab Graz durchfließt die Mur die breiten Sohlentäler des Grazer, Leibnitzer, Murecker und Radkersburger Feldes.“ Der Fluss ändert während der Strecke durch die Steiermark immer wieder sein Aussehen, zeigt enge Mäander, breite Schlingen. Für die Flößerei und Handels-Schifffahrt wurde die Mur schon früh auf eine Hauptwasserrinne festgelegt. Die massiven Regulierungsarbeiten Ende des vorigen Jahrhunderts brachten kaum mehr zusätzliche einschneidende Veränderungen. Heute sind die Ufer zwar weitestgehend fixiert, aber schon relativ gut überwachsen. An den kleinen Hängen lagern bedeutende Vorkommen von Fischottern. Und Huchen winden sich durch das klare Wasser. Auch in den Nachtstunden ist das Areal voller Leben: Zahlreiche Fledermausarten ziehen durch die Nacht, um Insekten zu vertilgen. Die Höhlen im Gebiet entlang der Mur sind wichtige Winterquartiere dieser Tiere.

Auch im Becken der Mur sind „ökologische Edelsteine“ zu finden: Beispielsweise die Murinsel Triebendorf. Im oberen Einzugsgebiet gelegen, befindet sich im Flussbett der Mur eine Schotterinsel. Hier ist das Gewässer noch wie es früher einmal überall war. Wertvolle Pflanzenbestände und einmaliger Bewuchs machen die Schotterbank ökologisch so wertvoll. Und eine Besonderheit gibt es auch: Auf dieser Murinsel befindet sich der einzige bekannte Brutplatz des Flussuferläufers im Oberen Murtal. Damit dieses Habitat nicht mehr verändert werden kann, hat der Naturschutzbund die Insel gekauft. Etwas weiter flussabwärts liegt der Puxer Auwald. Dieser „magische Ort“ befindet sich im oberen Murtal und schließt an die Au von Frojach an. Nur das linke Ufer wurde unter Schutz gestellt. Der Bereich ist teilweise durch einen Damm befestigt, der jedoch nicht im Schutzgebiet liegt. Hoher Altholzreichtum und teilweise urwaldähnliches Aussehen kennzeichnen dieses Areal. Der hier vertretene Auwald ist mit einem hohen Bestand an Silberweiden durchwachsen. In flacheren Bereichen sind auch Strauchweiden wie die Mandel-Weide oder Purpur-Weide zu finden. Auf dem Boden des Auwaldes wachsen zentimeterdick Farne, Disteln, Kräuter und Gräser. Wanderer und Spaziergänger finden bei ihren Streifzügen auch Fichtenbestände.

Der beeindruckende Gulsenberg liegt nordöstlich von Knittelfeld. Auf den zur Mur abfallenden Hängen wurden zwei Teile als Naturschutzgebiet ausgewiesen. Von der Murtalbegleitbahn, die am Fuße des Gulsenberges vorbeiführt, gelangt man zu diesen Flächen. Die beiden „Öko-Inseln“ sind durch einen Steinbruch voneinander getrennt. Das Schutzgebiet ist hoch oben in einem naturnahen Zustand erhalten. Die speziellen Böden aus Serpentin sorgen für eine ganz eigene Vegetation: Nährstoffarmut und die leicht giftige Wirkung bestimmter Schwermetallkomponenten im Erdreich sorgen dafür, dass die hier wachsenden Pflanzen von hohem naturwissenschaftlichen Wert sind. Das Natura-Gebiet bietet ein buntes Sammelsurium an Pflanzen und Tieren. Knorrige Bäume und Zwergstrauchbestände schmiegen sich an die Hänge. Die Charakter gebenden Rotföhrenwälder sind besonders wärmeliebend und entwickeln deshalb erst bei höheren Temperaturen ihre volle Pracht. Eine botanische Rarität wächst hier in den Himmel: die Pittonis Hauswurz. Außerdem schlagen der Serpentinstreifenfarn, die Grasnelke und der Pelzfarn hier Wurzeln. In den eigenartig bewachsenen Felsspalten hat sich eine bedeutende Kleintierwelt angesiedelt, wunderschön gezeichnete Schmetterlinge schlagen hier ebenso mit ihren Flügeln wie andere seltene Insekten. Gefährdet scheint dieses kleine Paradies im ersten Moment durch die Lärm- und Staubentwicklung des angrenzenden Schotterwerkes. Doch die Natura 2000-Idee sollte es auch hier möglich machen, dass Wirtschaft und Natur nebeneinander wachsen und florieren können ...

Gewitterwolken brauen sich über dem Klafferkessel zusammen, Natura 2000-Gebiet *Hochlagen der südöstlichen Schladminger Tauern.*

Eine Feuchtwiese mit Orchideen säumt den Miesbodensee unterhalb der Kammspitze (2141 m), Natura 2000-Gebiet *Steirisches Dachsteinplateau.*

Anfang Juli erstrahlen die Hänge der Rottenmanner Tauern durch die Blüte der Rostroten Alpenrose, Natura 2000-Gebiet *Niedere Tauern.*

Morgendlicher Frost bei den Sennerhütten der Wildensee Alm, Natura 2000-Gebiet *Totes Gebirge mit Altausseer See*

Letztes Licht auf dem Trisselkogel über dem gefrorenen Altausseer See, Natura 2000-Gebiet *Totes Gebirge mit Altausseer See*

Eines der letzten Vorkommen des Steirischen Federgrases findet sich im Natura 2000-Gebiet *Pölshof bei Pöls.*

Sibirische Schwertlilien auf einer Feuchtwiese vor dem Gesäuse-Eingang, Natura 2000-Gebiet *Ennstaler Alpen – Gesäuse*

Morgenrot über dem Furtner Teich im Naturpark Grebenzen, Natura 2000-Gebiet *Furtner Teich*

Ausblick vom Großen Buchstein zum Reichenstein in Richtung Admont hinunter ins Ennstal, Natura 2000-Gebiet *Ennstaler Alpen – Gesäuse*

Einsamer Unterstand im Naturpark Sölktäler in den Schladminger Tauern, Natura 2000-Gebiet *Niedere Tauern*

Seite 79: Stilles Paradies für viele seltene Tier- und Pflanzenarten in der *Raabklamm*

Die Wildnis von Planspitze, Hochtor und Großem Ödenstein erhebt sich über dem Gesäuse-Eingang der Enns, Natura 2000-Gebiet *Ennstaler Alpen – Gesäuse.*

Seite 81: Die längste Klamm Österreichs und Heimat vieler seltener Pflanzenarten: Natura 2000-Gebiet *Raabklamm*

Frisches Grün des Frühlings im Naturpark Grebenzen, Natura 2000-Gebiet *Dürnberger Moor*

Seite 82: Rosmarinheide blüht in einem Feuchtgebiet im Natura 2000-Gebiet *Teile der Eisenerzer Alpen.*

Üppiges Uferdickicht bietet seltenen Wasservögeln Unterschlupf und Brutmöglichkeit, Natura 2000-Gebiet *Lafnitztal – Neudauer Teiche.*

Seite 85: Ruderboote im Naturpark Grebenzen, Natura 2000-Gebiet *Furtner Teich*

Seite 86: Frühlingsimpression am *Ödensee* im steirischen Salzkammergut

Nr. auf Info-Karte	**Gebietsbezeichnung**	*Beschreibung*	Fläche in ha
50	**Demmerkogel-Südhänge, Wellinggraben mit Sulm-, Saggau- und Laßnitzabschnitten und Pößnitzbach**	*Trockenwiesen*	2.032,43
52	**Deutschlandsberger Klause**	*Waldschlucht, Klamm*	22,71
66	**Dürnberger Moor**	*Latschen-Hochmoor*	37,76
72	**Ennsaltarme bei Niederstuttern**	*Aulandschaft*	69,66
58	**Ennstaler Alpen/Gesäuse**	*Vielfältige Gebirgslandschaft, freie Wildwasserstrecke der Enns*	14.529,94
47	**Feistritzklamm/Herberstein**	*Ausgedehnte Klamm mit unterschiedlichen Biotopen*	124,89
53	**Flaumeichenwälder im Grazer Bergland**	*Laubmischwald*	4,55
63	**Furtner Teich**	*Teils naturbelassener Teich*	32,03
65	**Furtner Teich – Dürnberger-Moor**	*Teich-, Moorlandschaft*	1.085,13
69	**Gamperlacke**	*Ehemalige Enns-Schlinge*	86,18
73	**Gersdorfer Altarm**	*Auwald*	8,41
46	**Hartberger-Gmoos**	*Röhricht, Feuchtwiesen, Flachmoor*	67,01
78	**Hochlagen der östlichen Wölzer Tauern und Seckauer Alpen**	*Gebirgslandschaft mit unterschiedlichen Biotopen*	14.046,15
68	**Hochlagen der südöstlichen Schladminger Tauern**	*Seenreiche Gebirgslandschaft mit unterschiedlichen Biotopen*	6.498,91
64	**Hörfeld, Steiermark**	*Ausgedehntes Feuchtgebiet*	47,49
56	**Kirchkogel bei Pernegg**	*Schüttere Serpentinhänge*	40,43
45	**Lafnitztal – Neudauer Teiche**	*Wildbachabschnitte, Feuchtwiesen, Teiche*	1.045,56
74	**Niedere Tauern**	*Seenreiche Gebirgslandschaft mit unterschiedlichen Biotopen*	88.035,69
43	**Oberlauf der Pinka**	*Teils urtümliche Flusslandschaft*	17,25
62	**Ober- und Mittellauf der Mur mit Puxer Auwald, Puxer Wand und Gulsen**	*Teils ursprünglicher Flusslauf, Inseln, Auwald und Feuchtwiesen*	1.285,25
77	**Ödensee**	*See und Übergangsmoor*	198,29
42	**Patzenkar**	*Alpines Feuchtbiotop*	130,48
54	**Peggauer Wand**	*Geschützte Stollen*	40,91
59	**Pölshof bei Pöls**	*Trockenrasen mit einzigartigem Federgrasvorkommen*	16,33
61	**Pürgschachen-Moos und ennsnahe Bereiche zwischen Selzthal und dem Gesäuseeingang**	*Enns-Altarme, Streuwiesen und Hochmoor*	1.619,14
55	**Raabklamm**	*Klamm mit weitgehend intakter Gewässerstruktur*	558,18
40	**Ramsauer Torf**	*Hochmoor*	2,3
70	**Schluchtwald der Gulling**	*Tiefer Schluchtwald*	149,83
51	**Schwarze und Weiße Sulm**	*Unberührte Flusslandschaft*	220,22
41	**Steilhangmoor im Untertal**	*Steilhangmoor*	14,24
49	**Steirische Grenzmur mit Gamlitzbach und Gnasbach**	*Teils naturnahe Flusslandschaften*	2.238,05
39	**Steirisches Dachsteinplateau**	*Kalkgebirge mit unterschiedlichsten Biotopen*	7.451,17
57	**Teile der Eisenerzer Alpen**	*Gebirgslandschaft mit unterschiedlichen Biotopen*	4.391,29
44	**Teile des Steirischen Jogl- und Wechsellandes**	*Wiesenlandschaften, Fichten- und Föhrenwälder*	45.576,16
67	**Teile des steirischen Nockgebietes**	*Sanfte Gebirgslandschaft*	2.080,53
48	**Teile des südoststeirischen Hügellandes inklusive Höll und Grabenlandbäche**	*Mähwiese und andere Wiesenlandschaften, Mischwald*	15.663,26
75	**Totes Gebirge mit Altausseer See**	*Kalkgebirge mit unterschiedlichsten Biotopen*	24.201,69
71	**Wörschacher Moos und ennsnahe Bereiche**	*Ausgedehnte Moorlandschaft*	401
60	**Zirbitzkogel**	*Ausgedehnte Almflächen oberhalb der Baumgrenze*	2.299,28
76	**Zlaimmöser-Moore/Weißenbachalm**	*Moorlandschaft*	12,93

Kärnten

Kostbare Ökoinseln

Der viel besungene Wörther See, der glasklare Ossiacher See, der Nationalpark Hohe Tauern, die Nockberge, saubere, eindrucksvolle und dichte Wälder – Kärnten ... Die vielfältige Flora und Fauna des Bundeslandes wird jetzt für immer durch die Natura 2000-Idee geschützt. 29 Natura 2000-Gebiete gibt es, 5,76 Prozent des Landes sind somit auf der so wichtigen „Liste des Lebens".
Ein besonders schützenswertes Habitat ist die Region Obere Drau. Das Natura 2000-Gebiet „Obere Drau" zwischen Oberdrauburg und Spittal umfasst – laut der Kärntner Naturschutzabteilung – einen ungefähr 68 Kilometer langen Abschnitt der Äschenregion. Die gesamte Fläche umfasst 977,02 Hektar. Gewässer und Aulandschaft haben in der Vergangenheit gelitten: Das Areal wurde bis in die 80er-Jahre des 20. Jahrhunderts reguliert und verbaut. Um 1990 wurde vom Amt für Wasserwirtschaft Spittal ein Gewässerbetreuungskonzept in Auftrag gegeben. In der Folge wurden die ersten Rückbaumaßnahmen in Form von Flussaufweitungen eingeleitet. Vor fünf Jahren hat die Landesregierung mit der Renaturierung begonnen. 6,3 Millionen Euro wurden in den Arten-, Gewässer- und Lebensraumschutz investiert. So sorgen jetzt Fischaufstiegshilfen dafür, dass die Tiere zu ihren Laich- oder Futterplätzen gelangen. In den frisch gestalteten Seitenarmen kann sich die Natur langsam erholen und ihre Blüten treiben. Die gelungene Aktion hat durchaus Anklang gefunden: Die Europäische Kommission hat das Projekt als „ausgesprochen eindrucksvolle Maßnahme, die ausdrückliche Anerkennung verdient" gewürdigt.
Die Erhaltung unserer Landschaft und der biologischen Vielfalt ist aber nicht nur Ziel von nationalen Einrichtungen und der EU: Seit der Gründung ihres Vereines arbeiten auch die Naturfreunde dafür. Der positive Ausgang all dieser Initiativen hängt auch von den Landbesitzern, Bauern, Touristen und Wanderern ab. Gerade in Kärnten, wo viele Naturkleinode im Verborgenen blühen, ist die Zusammenarbeit aller enorm wichtig. Denn ohne geeignete Pflegemaßnahmen und den Willen aller Naturliebhaber, haben Fauna und Flora keine Chance, sich zu erholen.
Öko-historisch bedeutsam war die Einrichtung des Nationalparks Hohe Tauern. In diesem Gebiet kann sich die Natur wieder frei entfalten. Und der Schutzgedanke ist dort allgegenwärtig: Immer wieder wird dieses Reservat für Tiere und Pflanzen erweitert oder verbessert. So empfahl das Nationalparkkomitee der Kärntner Landesregierung das Schutzgebiet im Bereich des Kaponiggrabens in der Gemeinde Obervellach zu erweitern. „Der Kaponiggraben, das haben namhafte Experten untermauert, ist eines der schönsten und naturbelassensten Täler der Hohen Tauern", begrüßte damals Nationalparkreferent Landesrat Georg Wurmitzer die Entscheidung. Die Zahl der Mitgliedsgemeinden stieg damit auf sieben an. In Summe kamen 2.000 Hektar Grund und Boden dazu, wobei jetzt 1.370 Hektar davon als so genannte Kernzone ausgewiesen sind. In diesem Bereich werden die internationalen Bestimmungen zum Artenschutz eingehalten. Das Resultat: Die Kernzone wurde zum Natura 2000-Gebiet erklärt. Die Grundbesitzer gehen auf diesem grünen Flecken Erde auf die bestehenden Nutzungseinschränkungen ein und kommen dafür in den Genuss des Vertragsnaturschutzmodells des Nationalparks. In den Schulen der Nationalparkgemeinden geht die Saat des Umweltgedankens dann auf: In speziellen Projektstunden, im Sachunterricht sowie bei Ausflügen erfahren die Kinder Wissenswertes über die Natur, lernen Fauna und Flora kennen und werden so sicher zu Bürgern, die den Umgang mit den ökologischen Ressourcen behutsamer und mit mehr Ehrfurcht angehen werden. Ein gutes Beispiel dafür, wie man die Natur erleben und erlernen kann, ist das Seebachtal in der Gemeinde Mallnitz. Das von mächtigen Dreitausendern umrahmte Hochgebirgstal ist mit 14 Kilometern das längste Seitental von Mallnitz. Der Beginn des Tales lädt mit breiten, flachen Böden zum Wandern förmlich ein. Genau hier liegt der Stappitzer See. Bei ihm handelt es sich um einen „Stausee", den die Natur geschaffen hat: Einst durch einen großen Bergsturz gebildet, ist der See heute eine bedeutende Raststation für Zugvögel. Hinter dem See verändert die

Ausblick vor Sonnenaufgang von der Dobratsch über Villach auf den Ossiacher See, Natura 2000-Gebiet *Villacher Alpe*

Region rasch ihr Gesicht: Steile Felswände, über die Wasserfälle stürzen, prägen das Bild. Der gesamte Talboden wird von dichtem, wunderschönem Bergwald überwuchert. Hier irgendwo enden die Wanderwege. Und am Ende des Tales kann man die Gletscher der mächtigen Gipfel sehen. Ein Mitarbeiter des Nationalparks gerät ins Schwärmen: „Eine alpine Wildnis, die mich und viele andere an die Rocky Mountains erinnert." Das Tal schrieb außerdem Ökologie-Geschichte: Hier konnte schon, Dank der Hilfe der Grundbesitzer, vor weit mehr als einem Jahrzehnt der Modellfall für einen international anerkannten Nationalpark geprobt werden: Einrichtung des ersten Naturwaldreservates, erstmalige Umsetzung eines nationalparkgerechten Wildtiermanagements und die erste Freisetzung von Bartgeiern in Kärnten. So wurde das Seebachtal richtungweisend für den gesamten Nationalpark.

Auch ein Stausee, der von Menschenhand erschaffen wurde, ergänzt das Natura-Netzwerk: Der Völkermarkter Stausee bietet Fauna und Flora breiten Platz. Die Wasserqualität in dem 84 Hektar großen Gewässer, das von der Drau gespeist wird, ist hervorragend. Die Ufer sind meist durch Dämme befestigt und vorwiegend mit Weiden und Erlen bewachsen. Also ein Paradies für Fische, aber auch für jene, die sie fangen wollen. Denn trotz des immerwährenden Schutzes können Hobbyfischer hier ihre Angeln auswerfen. Trotzdem zählt der Völkermarkter Stausee zu den fischreichsten Gewässern Kärntens und hat sich zu einem äußerst beliebten Natur- und Anglerparadies entwickelt.

Und auch das ehemalige Braunkohlegebiet St. Stefan am südlichen Stadtrand von Wolfsberg besticht durch ein „künstliches Biotop", das jetzt reichlich Entfaltungsmöglichkeiten für Tiere und Pflanzen bietet. Der acht Hektar große „Großedlinger Teich" ist ein durch Menschen geschaffenes Ersatzbiotop mitten in einer stark landwirtschaftlich genutzten Ackerbaufläche. Durch Baggerarbeiten wurde das Gebiet noch als Vogelschutzgebiet optimiert. Die Wasserfläche des Teiches ist mit Schilf bewachsen; gleich dahinter schlagen Schwarzperlen, Faulbäume, Traubenkirschen und Erlen ihre Wurzeln. Damit Äcker und Habitat einander nicht zu nahe kommen, sind Grenzzonen eingerichtet worden – so ist das Nebeneinander kein Problem.

Aber nicht nur die vielen Kärntner Seen und die idyllische Region um die Hohen Tauern sind „grüne Diamanten". Das Görtschacher Moos im Gailtal beispielsweise besticht durch die enorme Vielfalt an Lebensformen. Dieses Areal und Obermoos stellen das letzte noch großflächig erhaltene Gebiet dieser Art dar. Es ist außerdem eines der größten zusammenhängenden Feuchtgebiete des Bundeslandes. Bis Mitte des 20. Jahrhunderts wurden große Teile als Streu- und Mähwiesen verwendet. Die artenreiche Tierwelt des Gebietes ist bundesweit einzigartig. Ein Projektbegleiter: „Von den mehr als 300 Schmetterlings- und 90 Spinnenarten sind ein Dutzend kärntenweit bislang nur aus dem Projektgebiet nachgewiesen! Zahlreiche Arten der Roten Listen – darunter vom Aussterben bedrohte Käferarten – finden im Gebiet optimale Lebensbedingungen. Mehrere Tierarten wie beispielsweise der Keulen-Zweizahnkanker erreichen hier ihre nördliche Verbreitungsgrenze. Russischer Bär und Bauchige Windelschnecke sowie Alpen-Kammmolch und Gelbbauchunke sind EU-weite Schutzobjekte, Moorfrosch und Bitterling besiedeln individuenstark den Webersee." Das Überleben dieser hoch angepassten Tierarten bedarf spezifischer Maßnahmen, unter anderem einer Wiederbelebung historischer Seitenarme der Gail.

Ein schönes Fleckerl Natur sind auch die Fronwiesen bei St. Jakob/Rosental. Sie zeichnen sich durch ein weites Mager- und Halbtrockenrasenareal aus. Ein Wanderer erzählt beeindruckt: „Das ist eines der größten und schönsten Habitate dieser Art in Kärnten." Wer durch die Gegend streift, der findet immer wieder wunderschöne Blumen: Ausgedehnte Orchideenwiesen sind Zeugen dafür, dass hier noch alles im Gleichgewicht ist. Dass es diese beeindruckende Wiesenlandschaft überhaupt noch gibt, das ist den Bauern zu verdanken, die mit ihren Kleinbetrieben die Region jahrhundertelang geprägt haben. Jetzt wird ihnen bei dieser großen, wichtigen Aufgabe aktiv geholfen: Im Jahr 2002 wurden 69 Hektar als Natura 2000-Gebiet nominiert. Ein Mitarbeiter der Naturschutzabteilung des Landes freut sich: „Künftig werden auf den Fronwiesen in enger Zusammenarbeit mit den Grundbesitzern und Bewirtschaftern Pflegemaßnahmen umgesetzt." Wo erhalten werden soll, muss zuerst erhoben werden: Die botanischen Untersuchungen zeigten auf, dass hier mehr als 170 Pflanzenarten ihre Wurzeln schlagen. Acht Orchideenfamilien gedeihen hier prächtig. Die Forscher fanden heraus, dass es auf dem verhältnismäßig kleinen Areal 12 verschiedene Vegetationstypen gibt. Bisher zählten sie außerdem 52 verschiedene Vogelarten, unter ihnen Baumpieper, Goldammer und Neuntöter. „Weiters leben hier 23 verschiedene Heuschrecken- und Schabenarten. Auch eine Ohrwurmart konnten wir nachweisen", erzählt ein Naturfachmann. Insgesamt wurden in diesem Segment 26 Arten katalogisiert. Das entspricht mehr als einem Viertel aller in Kärnten nachgewiesenen Geradflüglerarten. Außerdem wurden 91 unterschiedliche Wanzenarten auf dem Gebiet gefunden. Und immer wieder stoßen die Experten auf neue Nischen des Lebens, die Liste wird also auch in Zukunft immer wieder erweitert werden.

Auch in Kärnten zeigt sich, dass der Spagat zwischen Umweltschutz und einem modernen Leben möglich ist. Behutsame Projekte zur Steigerung der Lebensqualität und der Attraktivität für Gäste, gerade im Tourismusland Kärnten, sind durchaus im Sinne der Natura-Ideale, die Zeiten von großvolumigem Bau mitten in der grünen Wiese – oder an den sensiblen Ufern der Seen mit Trinkwasserqualität – sind vorbei. Ein Vorteil für alle, die Natur, Umwelt, aber auch Fitness, Sport und Freizeitvergnügen lieben ...

Sandersee am Fuß des Elisabethfelsens, von Schmelzwasser und Gletscherschliff der Pasterze gespeist, Natura 2000-Gebiet *Hohe Tauern, Kärnten*

Ein schluchtartiger, unzugänglicher Flussabschnitt im Natura 2000-Gebiet *Gail im Lesachtal*

Uferbereich mit Schotter an der Drau bei Steinfeld im Natura 2000-Gebiet *Obere Drau*

Winterabend über den sanften Hängen rund um den Rinsennock (2334 m) in den *Nockbergen*

Seite 95: Der Wolayersee in den Karnischen Alpen an der Grenze zu Südtirol, Natura 2000-Gebiet *Wolayersee und Umgebung*

Naturnahe Uferzone des Völkermarkter Stausees im Bereich des Natura 2000-Gebietes *Flachwasserbiotop Neudenstein*

Ausblick über den *Völkermarkter Stausee* mit den Karawanken im Hintergrund

Herbstimpression aus dem Natura 2000-Gebiet *Schütt – Graschelitzen*

Der Großglockner (3797 m) thront über der Glocknerstraße und den Türkenbundlilien der Pockhorner Wiesen, Natura 2000-Gebiet *Hohe Tauern, Kärnten*

Morgenstimmung im *Sablatnig Moor* am Fuße der Karawanken

Herbsteinzug im *Möserner Moor*

Moorvegetation leuchtet im milchigen Licht der Herbstsonne im Natura 2000-Gebiet *Görtschacher Moos – Obermoos im Gailtal.*

Im niederschlagsarmen Herbst fließt das klare Gebirgswasser der Lieser durch das *Innere Pöllatal.*

Alpenrosen und lockerer Zirbenbestand auf einer bewirtschafteten Alm in den *Nockbergen*

Nr. auf Info-Karte	**Gebietsbezeichnung**	*Beschreibung*	Fläche ha
89	**Flachwasserbiotop Neudenstein**	*Künstliches Wasserbiotop*	18
95	**Fronwiesen**	*Trockenrasengebiete*	69
79	**Gail im Lesachtal**	*Ursprüngliche Schluchtlandschaft*	55
101	**Görtschacher Moos – Obermoos im Gailtal**	*Ausgedehnter Moorkomplex*	1.199
83	**Großedlinger Teich**	*Teichgebiet mit vielen Kleinbiotopen*	8
93	**Gut Walterskirchen**	*Halbinsel im Wörther See*	32
96	**Hochmoor bei St. Lorenzen**	*Hochmoor*	48
92	**Höfleinmoor**	*Hochmoor*	6
91	**Hörfeld Moor – Kärntner Anteil**	*Durchströmungsmoor*	88
107	**Hohe Tauern (Kernzone I und Sonderschutzgebiete), Kärnten**	*Hochgebirge mit unterschiedlichen Biotopen*	29.496
106	**Hohe Tauern (Kernzone II und Sonderschutzgebiete), Kärnten**	*Hochgebirge mit unterschiedlichen Biotopen*	29.925
102	**Inneres Pöllatal**	*Talschluss mit urtümlicher Hochgebirgslandschaft*	3.198
85	**Kalk-Tuffquellen Völkermarkter Stausee**	*Quellen mit Tuffbildung in Moospölstern*	3,7
104	**Möserner Moor**	*Feuchtgebiet*	12
82	**Mussen**	*Artenreiche Bergmähder*	399
98	**Nockberge (Kernzone), Kärnten**	*Sanfte Berglandschaft mit verschiedenen Biotopen*	7.744
103	**Obere Drau**	*Frei fließender Flussabschnitt*	977,02
84	**Ratschitschacher Moor**	*Übergangsmoor*	23
94	**Reifnitzbach**	*Artenreicher Wildbach*	1,7
87	**Sablatnig Moor**	*Versumpfungsmoor*	96
99	**Schütt – Graschelitzen**	*Bergsturzgebiet Villacher Alpe*	2.307
105	**Stappitzer See und Umgebung**	*Bergsee mit ausgeprägter Verlandungszone*	10,8
97	**Tiebelmündung**	*Flussmündungs- und Uferzone*	58
88	**Turner See**	*Schilfzone, Röhricht*	59
80	**Untere Lavant**	*Renaturierter Flussabschnitt*	56
86	**Vellacher Kotschna**	*Weitgehend unerschlossenes Kalkgebirgsmassiv*	586
100	**Villacher Alpe (Dobratsch)**	*Gebirgsstock mit unterschiedlichen Biotopen*	2.327
90	**Völkermarkter Stausee**	*Großflächiger Stausee*	84
81	**Wolayersee und Umgebung**	*Hochgebirgssee und Kalkgebirge*	1.940

Tirol

Das Land der Adler

Schroffe Berge, grüne Matten und glasklare Bäche – dafür steht Tirol. Ein jahrhundertealtes Kulturland, das durch die Hände unserer Vorfahren gestaltet, ja geschaffen wurde. Natürliche Kleinode, die es sonst nirgendwo auf der Welt gibt, gehören dazu. Die wertvollsten, verschiedenartigsten Regionen sind auf der Natura 2000-Schutzliste, vom Nationalpark Hohe Tauern über eine Steppenlandschaft beim Kaunergrat bis zur „Schwemm" in Walchsee. 13 Areale, die für die nächsten Generationen erhalten bleiben sollen, um die Verschiedenartigkeit der bunten Fauna und Flora zu zeigen.

Überall in dem Land blühen Naturschatze: Im verträumten Valsertal südlich von Innsbruck liegt die Heimat der Feuerlilie. Das Areal ist fast straßenfrei – ganz anders als das angrenzende Wipptal, das wegen der Transitbelastung europaweit bekannt ist. Nur wenige Kilometer weiter muss sich die Sonne nicht durch Abgasschwaden kämpfen, nur leichte weiße Wolken zeichnen sich am blauen Himmel ab. Hier sind die Südhänge trocken und weitgehend waldfrei, die Nordhänge bis zu einer Seehöhe von 1.900 Metern von dichten Wäldern bedeckt. Wanderern fällt vor allem die artenreiche Pflanzenwelt auf. Rote Punkte an den Hängen spiegeln scheinbar den Sonnenschein wider, es handelt sich um die handtellergroße Feuerlilie. 428 Pflanzenarten wurden auf dem Areal nachgewiesen, 63 davon stehen unter Schutz. Gerade im Valsertal funktioniert das Zusammenspiel zwischen landwirtschaftlicher Nutzung und dem Schutzgedanken. So stimmen die Bauern das Mähen des Heus auf das Leben und das Brutverhalten der Vögel ab. Das sichert dem Braunkehlchen das Überleben. „Diese Art nistet am Boden, früher wurden die Gelege vernichtet", erklärt Hermann Weiß vom WWF. Jetzt sind die Nester sicher, immer mehr Vögel erheben sich mit beeindruckenden Schwingenschlägen in die Lüfte.

Der Alpenpark Karwendel ist das größte Schutzgebiet in Tirol. 730 Quadratkilometer pures Leben, ein Paradies für Wanderer. Der Alpenpark umfasst die mächtige Felslandschaft zwischen Inn und Isar, zwischen der Seefelder Senke und dem Achensee. Vor 230 Millionen Jahren schwammen hier Fische, bunt schimmernde Korallenriffe wuchsen aus den Tiefen des Meeres empor. Ein Teil des Gesteins besteht aus Ablagerungen, die sich in den einst seichten Lagunen angesammelt hatten. Jetzt schießen mächtige Ahornbäume in die Höhe, ein europaweit einzigartiger Bestand. Die bis zu 600 Jahre alten Exemplare zeigten Widerstandsfähigkeit: Sie überstanden meterhohe Muren. „Durch Baumsetzaktionen und Patenschaften soll der ‚Große Ahornboden' erhalten bleiben", erzählt Alpenpark-Betreuer Günter Haselwanter. Doch nicht nur die Region der äußerst zähen Bäume ist eine echte Attraktion: Im Bereich der atemberaubenden Landschaft schlägt auch majestätisch der Steinadler seine Schwingen. Dass dieser blitzschnelle Vogel mit seinen ausgeprägten Sinnen hier wieder unbedroht auf Streifzug unterwegs ist, kann man nur konsequenter Schutzarbeit danken.

In der Eiszeit liegen die Wurzeln der „Schwemm". Rund 65 Hektar umfasst die Natura 2000-Region, die am Ostrand Tirols in Walchsee in 660 Meter Seehöhe liegt. Das Gebiet entstand aus einem See, der langsam verlandete. Das kleine Paradies für Pflanzen und Tiere bewohnt beispielsweise der Grasfrosch. Auch der Wiesenpieper liebt das Habitat: Er hat hier den einzigen Brutplatz in ganz Tirol. Gleichzeitig fliegen in der „Schwemm" die wohl diffizilsten Tiere, die Zwerglibellen. Umrahmt wird das Naturspektakel von einzigartigen Pflanzen, darunter das Glanzkraut. Dieses Gewächs benötigt viel Licht, überwucherte Plätze meidet die „Liparis loeselii". Und genau da liegt das Problem: Schilf wächst und wächst, überdeckt immer mehr Plätze. Denn große Bereiche des Moores sind bis Ende der 60er-Jahre des vergangenen Jahrhunderts beinahe jährlich gemäht worden. Die „Ernte" landete in den Ställen der seit Generationen ansässigen Bauern. Dann – vor 40 Jahren – wurde die Mahd uninteressant. Auf die angrenzenden Wiesen fiel inzwischen immer mehr Dünger. Dadurch kam es zu einer massiven Zunahme der Schilfbestände. Das bedeutete das Aus für die typischen Niedermoor-Pflanzen. Es sei denn, die Mahd wird wieder aufgenommen. Pläne dafür gab es. Ein Mitarbeiter des WWF: „Im Kontrakt für das Natura 2000-Gebiet Schwemm

Der Fußstein (3380 m) im *Valsertal* erstrahlt im letzten Abendlicht.

standen künftige Mäharbeiten. Eineinhalb Jahre ist dann nichts passiert." Die Umweltschutzorganisation initiiert deshalb Schilfschnitt-Projekte.
Bunt, vielfältig, beeindruckend und heiß! Die Fließer Sonnenhänge sind der größte Trockenrasenbereich Tirols. Diese grünen Matten entstanden durch jahrhundertelange menschliche Bewirtschaftung. Weiters sorgten die hungrigen Mäuler der Rinder dafür, dass die historischen Trockenwälder immer öfter verschwanden. Für die Entstehung der Rasenart ist außerdem ein inneralpines Trockenklima verantwortlich. Die hohen Massive halten die Regenwolken ab. Auch in Südtirol herrscht im Vinschgau dieses Phänomen vor. Dabei kann man ein interessantes Schaustück der Natur erleben: Wegen des Trockenklimas sind in Fließ Pflanzen und Tiere zu finden, die sonst nur im Burgenland beheimatet sind. Auch derartige Kleinode sind gefährdet, denn da die Beweidung nachgelassen hat, gewinnen Sträucher und Bäume langsam die Oberhand – eine echte Gefahr für die Sonnenhänge mit ihren 500 Pflanzenarten. Noch ärger kann das die Tierwelt treffen: Über 1.000 Schmetterlingsarten (!) bewohnen die „Steppe in den Alpen". Sind einmal die wichtigsten Futterpflanzen verschwunden, gibt es keinen Lebensraum für die fliegenden Wunderwerke. Viele könnten von der Landkarte für immer verschwinden, wenn der Natura 2000-Schutz nicht greift. Die ersten Schritte sind getan: Im Jahr 2004 weideten erstmals Ziegen auf einem Teil der wildromantischen Sonnenhänge. Bilanz des WWF: „Damit konnte ein wichtiger Beitrag gegen die weitere Verbuschung umgesetzt werden." Das nächste Ziel: Ein exakter Weideplan mit genauen Kontrollen.
Im Raum Landeck liegt eine schillernde Wasserwelt, die nicht Natura 2000-Gebiet ist, aber trotzdem ein gutes Beispiel für die Wichtigkeit der Schutzprogramme: Dort sind noch viele Klein- und Kleinstgewässer erhalten geblieben. Reste eines alten, längst verlorenen Bewässerungssystems. Die so genannten „Piezen und Waale" sind künstlich angelegte Teiche, die mit ausgeklügelten Rinnensystemen für genügend Wasser für die umliegenden Wiesen sorgten. Die jahrhundertealten Konstruktionen sind ganz besondere Elemente in der Kulturlandschaft des Landes Tirol und ein wertvolles Rückzugsgebiet für eine Reihe von Tieren und Pflanzen. Auch viele dieser Wiesen liegen jetzt brach, einige Piezen schüttete man einfach zu, um neues Land zu gewinnen – jedes Mal ging ein Stückchen wertvoller Natur verloren. Das Projekt „Tramser Piezen" des Naturschutzbundes will nun den Schutz dieser Kleingewässer organisieren, damit Erdkröten, Frösche und Bergmolche noch lange durch die zartgrüne Landschaft streifen. Und damit die ökologischen Nischen für mehr als 22 Libellenarten erhalten bleiben.
Weit mehr Wasser fließt entlang des gewundenen Laufes der Tiroler Lech. Die bis heute erhaltene Wildflusslandschaft war früher von Verbauungen und Kraftwerksprojekten bedroht, das ist nun Geschichte. Und eines ist genau so wie damals, als der Fluss entstand: Die Wasserläufe ändern ständig das Aussehen und die Lage der Schotterbänke. Die Auwälder bieten unter anderem Koppen, Kammmolchen sowie Bileks Azurjungfer – eine äußerst seltene Libellenart – Zuflucht. In der Nähe des Gewässers leben der Zwergschnäpper, Eisvögel sowie der Bachpieper. Doch die Landschaft ist nach wie vor bedroht, Hochwasserkatastrophen und Nutzungsdruck (Bauland, Industriegebiete) in den Tallagen hatten flussbauliche Regulierungsmaßnahmen zur Folge, schleichend verschwanden die Augewässer. Der ungebremste Zustrom von Touristen tat sein Übriges. Jetzt soll die Sohleneintiefung sowie die Grundwasserabsenkung endgültig gestoppt werden. Bereits für immer verloren geglaubte Flecken will man der Natur zurückgeben.
Eine ganz besondere Geschichte hat die auch unter EU-Schutz gestellte Engelswand: Der Sohn des Grafen von Hirschberg soll während der Zeit der Kreuzzüge von einem gewaltigen Jochgeier entführt und in den höchsten Horst gebracht worden sein. Dann erschienen – laut Überlieferung – Engel, die den Adelsspross gerade noch rechtzeitig vor den gefräßigen Mäulern der Junggeier gerettet und unversehrt in die weiche Wiese gelegt haben. Eine Sage, die tiefen Glauben, Wissen über die Natur und romantische Geschichten verbindet. Auch in mehreren hundert Jahren werden Bergführer diese Fabel noch erzählen können, dafür sorgt Natura 2000. Und das Areal zieht bereits die Menschen an: Ein Erlebnis der besonderen Art ist die Wanderung zum „Adlerhorst über der Engelswand". Wie an die Felsen angeklebt wirken die kleinen, wohnlichen Häuser: Bis auf 1.500 Meter geht es hinauf, zum Bergweiler Farst. Im 13. Jahrhundert gegründet, ist diese Ansiedlung die wohl am steilsten gelegene und gewagteste im Ötztal. Einmal hoch oben angekommen, kann man einen der beeindruckendsten Blicke von den Alpen genießen. „Hier fühlt man sich Gott noch nahe", meint ein Einheimischer aus dem „Heiligen Land Tirol".
Eingebettet in herrliche Landschaftszonen liegt auch der malerische Vilsalpsee, der eigentlich schon seit 1957 unter Schutz steht, jetzt aber mit dem Natura-Prädikat geadelt wurde. Neben dem Gewässer und dem darüberliegenden Traualpsee umfasst das Gebiet eine weitgehend unberührte Berglandschaft am Ostabfall der Alpen. Wohlklingende Gemeindenamen wie Tannenheim und Weißenbach weisen schon darauf hin, dass hier die Umwelt noch in Ordnung ist. Am Rundwanderweg kann man biologische Eindrücke im wahrsten Sinne des Wortes ergehen, ein markierter Steig führt zum oberen See. Zahlreiche kleine Quellen und Bäche liegen entlang der Routen. Zufriedene Kühe weiden auf den satten Wiesen. Wo keine Matten sind, erheben sich mächtige Fichtenwälder. Darüber liegen zahlreiche Gipfel, die nur für wirklich geübte Wanderer erreichbar sind. Halbschuhtouristen können sich aber ebenfalls auf Entdeckungsreise begeben und Teich-Schachtelhalme, Schnabelseggen-Zonen sowie Latschen, Birken und Zwergsträucher näher begutachten.

Nebelfelder hängen über dem Gepatschferner in den *Ötztaler Alpen.*

Blut- und Goldgilbweiderich blühen auf einer Feuchtwiese am Rande des Natura 2000-Gebietes *Schwemm*.

Morgendämmerung im Natura 2000-Gebiet *Schwemm*, ein bedeutendes Feuchtgebiet am Fuß des Kaisergebirges

Im *Lechtal* nahe Weißenbach kann sich der Lech, als einer der letzten großen Alpenflüsse, noch relativ frei entfalten.

Seite 112: Tief eingeschnitten zwängt sich der Karwendelbach durch eine Schlucht im Natura 2000-Gebiet *Karwendel.*

Teichrosenblätter an einem stillen Ufer des *Egelsees*

Seite 115: Erstes Licht fällt nach einer klaren Nacht auf die Gipfel um den *Vilsalpsee* im Tannheimer Tal.

BIENE
SUMSI

Winterliche Atmosphäre nach einem Schneesturm im Hochsommer nahe der Brandenburger Hütte in den *Ötztaler Alpen*

Seite 117: Vom Schlatenkees geschaffene „Skulpturen" im Tauerntal am Fuße des Großvenedigers, Natura 2000-Gebiet *Hohe Tauern, Tirol*

Der Großvenediger (3674 m) spiegelt sich im „Auge Gottes"-Teich, Natura 2000-Gebiet *Hohe Tauern, Tirol.*

Ausblick vom Großen Ahornboden auf die Gipfel des Karwendel Gebirges, Natura 2000-Gebiet *Karwendel*

Ausblick nahe der Geraer Hütte auf die Hohe Warte (2687 m) am Westende der Zillertaler Alpen, Natura 2000-Gebiet *Valsertal*

Seite 120: Kurz vor der Mündung der Pitze in den Inn befindet sich die idyllische *Arzler Pitzeklamm*.

Durch tief verschneiten Winterwald fließt die Isel im Umbaltal, nahe den Umbalfällen in den *Hohen Tauern, Tirol.*

Nr. auf Info-Karte	**Gebietsbezeichnung** *Beschreibung* Fläche in ha
120	**Afrigal** *Montaner und subalpiner Kiefernwald* 71,6
110	**Arzler Pitzeklamm** *Tief eingeschnittene Klamm* 31,2
114	**Egelsee** *Moorlandschaften, dystropher See* 3,07
118	**Engelswand** *Gebirgslandschaft* 39,8
112	**Fließer Sonnenhänge** *Alpine Trockenrasen* 88,84
108	**Hohe Tauern, Tirol** *Hochgebirge mit unterschiedlichen Biotopen* 61.000
116	**Karwendel** *Kalkgebirge mit unterschiedlichsten Biotopen* 73.000
109	**Lechtal** *Weitläufig unverbaute Flusslandschaft mit unterschiedlichen Biotopen* 4.138
119	**Ötztaler Alpen** *Hochgebirge mit unterschiedlichen Biotopen* 39.470
117	**Ortolanvorkommen Silz-Haiming-Stams** *Vogelschutzgebiet* 378,7
113	**Schwemm** *Verschiedene Moor- und Feuchtbiotope* 65,68
115	**Valsertal** *Gebirgslandschaft mit unterschiedlichen Biotopen* 3.519,4
111	**Vilsalpsee** *Kalkgebirge, Bergseen* 1.831

Vorarlberg

Dem Himmel ein bisschen näher …

„Hier auf den hohen Bergen Vorarlbergs sind die Menschen dem Himmel ein bisschen näher“, meint ein alter Senner. Und es scheint zu stimmen: Aber nicht nur hoch oben, auch drunten im Tal wachsen, blühen und gedeihen Tiere und Pflanzen von außergewöhnlicher Schönheit. Streuwiesen, Röhrichte, Moore, Schwingrasen, zerklüftete Felsformationen, Tuffhöhlen, Schwarzerlen-Wälder, Moore und Moose – unendlich vielfältig und kostbar sind die Natura 2000-Regionen Vorarlbergs. 22 Habitate sind es, die nicht mehr verändert werden sollen. Als Mikrokosmos der grandiosen Landschaften dieser Welt und einzigartig in ihren Schöpfungsformen liegen sie zwischen Bodensee und Arlberg eingebettet. Und fast jede Wanderung, fast jeder Streifzug wird unweigerlich zu einer Expedition, bei der man immer wieder auf bislang Unentdecktes stoßen wird. Sorgfältig werden diese Schätze der Fauna und Flora gehütet – und sogar mühevoll renaturiert.

Ein Paradebeispiel an durchdachten Schutzmaßnahmen ist wohl das fast 20 Hektar große Witmoos in der Gemeinde Langen. Mächtige Fichten, Tannen und Buchen behüten dieses wundersame Hochmoor. Und an seinen Rändern geht es in Mooswiesen, Waldsimsensümpfe und Hochstaudenbestände über. Im Norden und Süden wiederum säumen zwei kleine Bäche und knorrige Schwarzerlen dieses kleine Paradies. Das aber doch bedroht ist. Ein genau ausgeklügelter Managementplan soll das Moor vor dem Austrocknen bewahren. Durch das Aufstauen von Entwässerungsgräben wollen die ökologisch sensibel gewordenen Grundeigentümer den empfindlichen Wasserhaushalt stabilisieren. „Es geht um viel. Denn hier finden sich seltenste Arten wie etwa der Sommer-Drehwurz, dessen Bestände anderswo längst erloschen sind. Wir müssen daher besonders sensibel vorgehen“, sagt ein Vorarlberger Ökologe.

Schwertlilienwiesen mit den „Drei Schwestern“ an der Grenze zu Liechtenstein im Hintergrund, Natura 2000-Gebiet *Bangs-Matschels*

Genau dieser Behutsamkeit bedarf auch der Wiegensee, ein Natura 2000-Schutzgebiet in Gaschurn. Mitten in das wunderbare Vogelschutzgebiet des Verwall liegt dieses Kleinod eingebettet. Es wurde vor allem wegen seiner Latschenmoore und wegen des Schwingrasens gemeldet und genießt damit hoffentlich Schutzstatus für die Ewigkeit. Es ist diese Einsamkeit, die den Naturbeobachter am Wiegensee so tief ins Herz trifft. In 1.900 Meter Seehöhe und damit eigentlich schon fast an der Baumgrenze, in einer geheimnisvollen Rinne liegt dieser Moorsee – unergründlich dunkel, unergründlich still! Schlammsegge und Blumenbinse finden hier ein letztes Rückzugsgebiet. Erst recht am kleinen Schwesternteich des Wiegensees. Dieses Wasser ist kaum mehr als solches erkennbar ein Schwingrasen hat das einzigartige Hochgebirgsmoor im steten Wandel der Jahreszeiten überwuchert. Genau das birgt aber auch Gefahr: Zu große Trittbelastung, etwa durch Vieh oder Wanderer, könnte dem hochsensiblen Biotop so zusetzen, dass es zur „Moorruine“ verkommt. Noch aber ist hier alles intakt, alles ruhig und unberührt. Und vor allem an kalten Wintertagen und lauen Sommernächten ist der Atem der Wildnis zu spüren. Der Wiegensee ist aber dennoch nur ein kleines Mosaik im Vogelschutzgebiet Verwall. Es gilt als eines der ruhigsten Gebiete der Ostalpen und ist für Vorarlberger Verhältnisse erstaunlich wenig touristisch erschlossen. In dieser wilden Gebirgsgruppe zwischen Klostertal und Montafon erklingt noch der klagend-schrille Schrei des Dreizehenspechts und seiner Brüder, des Grauspechts sowie des Schwarzspechts.

Das traditionelle Naturschutzgebiet Rheindelta wurde ebenfalls zum Natura 2000-Gebiet geadelt. Es umfasst das Bodenseeufer vom Alten Rhein an der Staatsgrenze Österreich-Schweiz in Gaißau bis zur Dornbirnerach in Hard. Die mit Schilfröhrichten dicht bewachsenen Ufer tun dem Auge gut, dort und da brüten seltene Vogelarten. Mehr als 300 Hektar Feuchtwiesen werden – wie es eigentlich überall sein sollte – als Streuwiesen genutzt. Davon profitieren rare Sauergräser, Knabenkräuter, Kleintiere und Wiesenvögel. Die Auwalder an den Mündungen von Neuem und Altem Rhein sind eindrucksvolle, artenreiche Refugien für viele Vögel und Schmetterlinge. Auch die dazugehörigen Wasserflächen sind speziell geschützt. So sind knapp zwei Drittel des rund 2.000 Hektar großen Schutzgebietes ein Teil des Bodensees. Es sind vor allem die lebendigen, naturnahen Lebensräume, die zur einmaligen Vielfalt dieser Region beitragen. Die großen Flachwasserbereiche sind bedeutende Laichgebiete für Fische und bieten den Wasservögeln Nahrung und Zuflucht. Viele der gefiederten Besucher des Sees sind Zugvögel, die in Skandinavien brüten und im Herbst in den Süden fliegen. Sie sind auf ruhige Wasserflächen angewiesen, wo sie eine Pause einlegen können und Futter für die Weiterreise finden. Viele ziehen weiter nach Süden. Anderen gefällt das Habitat so gut, dass sie auch den ganzen Winter bleiben. „Weil der See nur sehr selten vollständig zufriert. Dies macht den Bodensee zum wichtigsten Überwinterungsgebiet für Wasservögel in Österreich", berichtet ein Mitarbeiter der Umweltabteilung der Landesregierung. In einem so weitläufigen Gebiet ist es nicht leicht, alle Wünsche – die unterschiedlicher nicht sein können – zu koordinieren. Tourismus, Naturschutz, Landwirtschaft, Jagd, Fischerei und der sehr wichtige Hochwasserschutz sind zu berücksichtigen – doch genau diese Chance bieten die Natura 2000-Regeln. Denn so wurden konkrete Verhaltensregeln für alle erlassen, die auch leicht nachprüfbar sind. Und das gilt immer: Auch die Besucher des Naturschutzgebietes sind dazu verpflichtet, die geltenden Regeln zu beachten.

Auch die Schlucht entlang der Bregenzerach wurde von der Mündung der Weißach bis nach Kennelbach zum Natura 2000-Gebiet ernannt. Dicht bewaldete, schroff-steile Hänge und ein schmales, von Grauerlen und Sträuchern gesäumtes Flussbett prägen das wildromantische Schluchtbiotop. Weitgehend historisch erhaltene Wälder, beeindruckende Felsformationen und Quellbiotope sind äußerst sehenswert. Aber auch die Weiden- und Kiesfluren sowie die Sträucher machen die Schlucht zu einem einmaligen Habitat. Seltene Tier- und Pflanzenarten finden in der Region einen ökologisch breit gefächerten Lebensraum. Damit der Natura 2000-Gedanke auch wirklich greift, muss eine behutsame Bewirtschaftung der Wälder, wie sie in den waldbaulichen Bewirtschaftungsgrundsätzen in der Arbeitsgruppe zur Bregenzerachschlucht festgelegt wurde, fixer Bestandteil des Lebens sein. Wichtig ist es auch, dass ein bestimmter Anteil an Altholz liegen bleiben muss, um der Natur eine Chance zu geben. Auch die Nutzung des Areals für Freizeitzwecke ist natürlich nicht verboten, aber für den Erhalt der Schutzgüter muss eben viel getan werden – so manches kleine Opfer hilft Flora und Fauna zu ungeahnter Schönheit.

Der weit über die Grenzen hinaus bekannte Rätikon beherbergt wiederum die wichtigsten und größten Spirkenwälder Vorarlbergs. Die Fachleute der Umweltabteilung erklären: „Die Spirke, die aufrechte Baumart der Latsche, hat ihre Hauptverbreitung in den französischen Westalpen und den Pyrenäen. Sie erreicht in Tirol ihre östliche Verbreitungsgrenze. Die Vorarlberger Bestände sind von besonderer Bedeutung für den Erhalt dieses äußerst östlichen Vorkommens der Spirke." Da diese Baumart sehr rasch von anderen verdrängt wird, weicht die Spirke auf Standorte mit extremen Bedingungen aus. Im Rätikon wächst das sensible Gewächs auf trockenen Dolomithängen, auf denen es idyllische Bestände bildet. Diese Schulen von Bäumen bilden dann ein Habitat für andere Lebewesen: Der Waldboden ist ungemein reich an Pflanzen und Insektenarten. So wachsen seltene Orchideen im Schatten oder Halbschatten der Spirken.

Seltene Spirkenwälder wachsen auch am Eingang des herrlichen Gadentals, das nach wie vor als typisches Bergtal der Nördlichen Kalkalpen in einer ursprünglichen und naturnahen Nutzung erhalten ist. Es beherbergt eine beinahe unüberschaubare Menge von ursprünglichen Biotopen. Mystische Buchen- und Tannenwälder, lichtdurchflutete Fichtenwälder und große Latschenflächen bedecken die Hänge. Satte, grün leuchtende Weideflächen kennzeichnen den mittleren Talabschnitt. Darüber schließen Karsthochflächen an, die durch Erhebungen wie die Schwarze Wand oder den so genannten „Misthaufen" nach Süden begrenzt sind. Das Gadental ist Naturschutzgebiet und eine Kernzone des Biosphärenparks „Großes Walsertal". Die Wälder unterliegen absolutem Schutz, sie werden als Naturwaldflächen den natürlichen Einflüssen überlassen. Ein Förster: „Das Einzige, auf das wir schauen ist, dass immer wieder junges Gehölz nachwächst. Zusätzlich muss man darauf achten, dass der Wildverbiss nicht zu stark wird." Dafür gibt es eine intensive Kooperation mit den Jägern der Region.

Dass auch Tourismus und Ökologie koexistieren können, zeigt die Natura 2000-Region Fohramoos. Sie liegt westlich des bekannten Wintersportgebietes Bödele. Es handelt sich um Moore, Wälder sowie bewirtschaftete Streuwiesen. Für den Schutzplan wurden die Vegetation des Fohramooses exakt erhoben und die Erhaltungsziele definiert. 80 Prozent des Areals gelten bereits als sehr gut erhalten und geschützt. Für zehn Hektar des Gebietes gilt es diesen günstigen Zustand noch zu erreichen. Vor allem mit den Waldbesitzern wird an der Renaturierung gearbeitet: Altholzinseln und Naturwaldbereiche werden gefördert.

Und so manches Pflänzchen reckt seinen Kopf in den strahlenden Himmel Vorarlbergs: Der Alpenmannstreu ist eine äußerst seltene, sensible und auffällig schöne Distel. Im Gamperdonatal bildet er zusammen mit wunderschönen Feuerlilien, Türkenbund, Eisenhut und Alpenscharte bunte Fluren. Der Alpenmannstreu gedeiht in den Hochstaudenfluren der Alpen – und das weit nicht überall: In Österreich gibt es neben den Vorkommen in Vorarlberg nur noch in Kärnten weitere Bestände. Die Natura 2000-Gebiete im Gamperdonatal schützen den Hauptbestandteil im westlichsten Bundesland. Da die Hochstaudenfluren ganz natürlich wachsen, sind keine besonderen Maßnahmen zum Erhalt notwendig – man muss die Natur nur in Ruhe lassen, damit diese wunderschönen Pflanzen auch in Zukunft für bunte Eindrücke sorgen.

Frühlingsimpression im *Fohramoos* am Bödele nahe Dornbirn

Erstes Morgenlicht auf der Großen Kuchenspitze, Natura 2000-Gebiet *Verwall*

Ein Sommertag bei Rohrspitz am Bodensee geht zu Ende, Natura 2000-Gebiet *Rheindelta*.

Steinformation am Ufer der Bregenzer Ache nahe Kennelbach, Natura 2000-Gebiet *Bregenzerachschlucht*

Seite 131: Bregenzer Ache beim Ausgang der Schlucht nahe Kennelbach, Natura 2000-Gebiet *Bregenzerachschlucht*

Blick auf Mutterwangjoch, Braschenkopf und den wilden „Misthaufen", Natura 2000-Gebiet *Gadental*

Naturnaher Mündungsbereich der Bregenzer Ache in den Bodensee, Natura 2000-Gebiet *Mehrerauer Seeufer – Mündung der Bregenzerach*

Eine „Blumeninsel“ im Langer See vor den schroffen Zacken des Patteriol (3056 m) am Ende des Silbertales, Natura 2000-Gebiet *Verwall*

Seite 135: Die Diesnerberger Alm liegt in der Kernzone des Biosphärenreservates Großes Walsertal, Natura 2000-Gebiet *Gadental.*

Impression einer Waldrandvegetation aus Nelken und Doldengewächsen, Natura 2000-Gebiet *Rohrach*

Die Große Kuchenspitze spiegelt sich in einem Bergsee, Natura 2000-Gebiet *Verwall.*

Morgendämmerung bei einer Überschwemmungswiese mit Sibirischen Schwertlilien im *Rheindelta*

Nr. auf Info-Karte	**Gebietsbezeichnung**	*Beschreibung*	Fläche in ha
130	**Alpenmannstreu Gamperdonatal**	*Hochstaudenflur*	37,61
136	**Bangs-Matschels**	*Flachmoore, Streuwiesen, Wald*	447,42
128	**Bergwälder Klostertal**	*Bergwälder, Magerwiesen*	2.143,3
122	**Bregenzerachschlucht**	*Schluchtbiotop mit naturnahen Waldtypen*	434,02
137	**Fohramoos**	*Hochmoor, Moorwälder*	54,29
126	**Gadental**	*Kalkgebirge mit unterschiedlichsten Biotopen*	1.543,77
138	**Gsieg-Obere Mähder**	*Streuwiesen*	73,13
139	**Lauteracher Ried**	*Streuwiesenlandschaft*	579,71
142	**Leiblach**	*Naturnaher Mittelgebirgsfluss*	7,62
135	**Ludescherberg**	*Magerwiesen, traditionell bewirtschaftete Kulturlandschaft*	377,35
141	**Mehrerauer Seeufer – Mündung der Bregenzerach**	*Natürliches Seeufer, Auwälder*	118,29
140	**Rheindelta**	*Streuwiesen, Schilfflächen, Röhricht und Auwälder*	2.065,65
129	**Rohrach**	*Waldschlucht, Mischwald*	48,19
123	**Schuttfluren Tafamunt**	*Silikatschuttfluren*	68,43
131	**Spirkenwälder Brandnertal**	*Spirkenwälder*	104,74
133	**Spirkenwälder Innergamp**	*Spirkenwälder*	43,87
134	**Spirkenwälder Saminatal**	*Spirkenwälder*	477,57
132	**Spirkenwald Oberer Tritt**	*Spirkenwälder*	11,87
127	**Unter-Überlutt**	*Artenreiche Maisäßwiesen*	22,85
124	**Verwall**	*Gebirge mit unterschiedlichen Biotopen*	12.057,22
121	**Wiegensee**	*Latschenmoore, Schwingrasen*	64,74
125	**Witmoos**	*Hochmoor, Mooswiesen*	18,19

Salzburg

Grüne Wälder, klare Luft

Sonne, Wasser, grüne Wälder, glasklare Luft – in Salzburg kann man die Natur genießen. Durch den Natura 2000-Schutz ist gewährleistet, dass auch die nächsten Generationen diese ökologischen Genüsse erleben können. Wenn man in einen der glasklaren Badeseen eintaucht und dann die bewaldeten Hänge auf sich wirken lässt, wird einem klar, wie wichtig der Erhalt dieser Landschaft ist. Rund 108.000 Hektar Grund und Boden, etwa 15 Prozent der Landesfläche, wurden nach Brüssel als „besonders erhaltenswert“ gemeldet.

Hier sagen sich Schneehase, Murmeltier und Birkenmaus „gute Nacht“: im Nationalpark Hohe Tauern, 80.514 Hektar pures Leben. Das größte Schutzgebiet im Land Salzburg beheimatet unzählige Tier- und Pflanzenarten. Von Bad Gastein bis Wald im Pinzgau zieht sich eine Kette unschätzbarer Kleinode von Flora und Fauna. Und der mächtige Großvenediger ist nur einer der Berge, die alles überstrahlen und wo Steinadler sowie Weißkopf- und Bartgeier durch die Lüfte gleiten.

Einen großen Anteil hat Salzburg am Naturschutzgebiet Kalkhochalpen. Seit Jahrtausenden haben sich hier manche stille Orte zwischen dem Saalach- und dem Salzachtal nicht mehr verändert. Eine schier unendliche Vielfalt an seltenen Pflanzen und Tieren hat sich da entwickelt und findet hier ihre letzten Zufluchtsorte. 1.500 Meter liegen zwischen niedrigstem und höchstem Punkt. Deshalb sind die Pflanzen, die hier Wurzeln schlagen, natürlich besonders unterschiedlich. In den Felsspalten sprießt es, Pflanzen erobern die Schutthalden und Kare. Fette Weiden strahlen grün, Latschenbestände bieten den vielen Tieren Schatten und Schutz. In den dunklen Forsten stehen vor allem Fichte, Lärche und gelegentlich Zirbe. Moose und Flechten erobern Gebiete, die für andere Pflanzen unmöglich sind. Das Alpenglöckchen schüttelt im Wind sein Köpfchen, die Alpenaster und der Raue Enzian sorgen für bunte Flecken. Türkenbund, Kohlröserl, Händelwurz, Alpenanemone, Tauernblümchen, Täschelkraut, Alpenmohn, Alpenleinkraut – all diese Gewächse findet man laut Naturschutzabteilung der Salzburger Landesregierung in dem Habitat. Genauso umfangreich ist die Liste der Tiere, die hier ihren Lebensraum gefunden haben: Lurche, Kreuzotter, Ringelnatter, Blindschleiche, Bergeidechse, Alpensalamander, Bergmolch, Grasfrosch, Erdkröte, alle finden sie in dem 23.710 Hektar großen Gebiet ihr Plätzchen. Der Schneefink kann ebenso beobachtet werden wie Steinadler, Sperber, Habicht und Wanderfalke. Natürlich sind auch Rehe, Rotwild, Gämsen und Steinwild unterwegs, setzen Schneehase, Fuchs, Murmeltier, Dachs und Steinmarder geschickt ihre Schritte, huschen Iltis, Hermelin und Siebenschläfer scheu über Stock und Stein.

Eisschollen treiben in einem See am Fuße des Krimmler Kees im Krimmler Achental, Natura 2000-Gebiet *Hohe Tauern, Salzburg.*

Ein äußerst beliebtes Revier für Segler, Surfer und Wasserliebhaber ist der Mattsee. Doch neben dem stark touristisch genutzten Bereich blüht ein ökologisches Kleinod: Das „Nordmoor“ befindet sich interessanterweise in der Ostbucht des Sees. Dort allerdings sehr wohl am Nordostufer. Es liegt in der Nähe des Strandbades der Gemeinde Lochen und zieht sich bis zum Hüttendorf Niedertrum-Ost entlang der Landesgrenze zwischen Salzburg und Oberösterreich. Das 2,38 Hektar große Areal grenzt direkt an ein oberösterreichisches Schutzgebiet an. Wanderer und Ruhesuchende finden dort vor allem dichte Bestände von Schilfröhricht, dem Teichbinsen und eine Schwimmblattzone vorgelagert sind. Die Gelbe Teichrose ist ebenfalls zu finden. Wer sich Zeit nimmt und das Ensemble auf sich wirken lässt, der vergisst schnell den hektischen Alltag der Tourismusbetriebe in der Nähe. Stundenlang kann man hier die Seele baumeln lassen, um Ruhe und Gelassenheit zu erlangen.

Das Tauglgries, eine Wildflusslandschaft, beherbergt wertvolle Lebensräume und seltene Tierarten. Die Taugl hat sich im ersten Abschnitt tief in den Fels eingeschnitten. Der anschließende Lauf ist von dichtem Laubwald überdacht. Dann weitet sich das Flussbett zum das Landschaftsbild beherrschenden, breiten Schotterbett mit einem seichten Flusslauf. Das Kerngebiet, das jetzt für immer erhalten bleiben soll, umfasst den Gewässerbereich mit seinen ausgedehnten Sandbänken einschließlich der höher gelegenen Terrassen. Ins Auge sticht auch das dichte Lavendelweidengebüsch entlang der Böschungen. Obwohl lange Schotter abgebaut wurde, hat sich eine weitgehend intakte Wildflusslandschaft erhalten. Manchmal kann einigen Tieren allerdings das kühle Nass ausgehen: Bei extremem Niedrigwasser versickert die Taugl.

Bei Fusch an der Glocknerstraße liegt das besonders attraktive Gebiet des Rotmoos-Käfertales. Das Natur- und Europaschutzareal befindet sich im inneren Fuscher Tal und umfasst den südlichen Teil des Rotmooses sowie das südwestlich davon gelegene Käfertal. Bereits 1995 wurde die Region als so genanntes Ramsar-Gebiet unter speziellen Schutz gestellt. Das nahe liegende Käfertal ist durch eine mächtige, rund 100 Meter hohe Wandstufe vom Ferleitental abgetrennt. Die Fuscher Ache durchfließt die Tallandschaft. Rund um die Uhr schiebt sie Gestein von den Taleinhängen, durch Ablagerungen entstehen immer wieder neue Schotter- und Kiesbänke. In den Hohen Tauern stellt das Rotmoos mit seinen großflächigen Kalk-Niedermooren eine Besonderheit dar. Wichtigste Vegetationseinheit ist das Davall- oder Rau-Seggenried. Besonders im Frühling bieten die Moore ein eindrucksvolles Bild, das von Orchideen wie dem Knabenkraut, von Mehlprimeln, Wollgräsern und Fieberklee geprägt wird. Hier ist auch der Flussuferläufer unterwegs – für diese Gebirgslagen eine echte Rarität.

Das Natura 2000-Gebiet Bluntautal liegt im Großraum der nördlichen Kalkalpen. Über das Torrener Joch gelangt man zum Königssee. Das Gebiet wird vom sich idyllisch windenden Torrener Bach geprägt. Umrahmt wird das Areal vom Naturschutzgebiet Kalkhochalpen und dem Landesschutzgebiet Göll-Hagengebirge. Die Region zieht vor allem Erholungssuchende aus Salzburg an. Das Bluntautal beherbergt nahezu die Hälfte aller Schmetterlinge des Bundeslandes Salzburg. So flattern zum Beispiel der Apollo- und der Scheckenfalter durch die Lüfte. Gams- und Rehwild stehen an vielen Lichtungen, der Feldhase hoppelt durch die grünen Wiesen. Und hier gibt es ihn noch, den Rotfuchs. Baummarder und Eichhörnchen klettern flink auf die Bäume. Feuersalamander, Zauneidechse und Blindschleiche genießen die starken Sonnenstrahlen. Und hin und wieder schlängelt eine Kreuzotter durchs Gebüsch. Buchfink, Buntspecht und Kuckuck stimmen ihre melodischen Lieder an. Damit das sensible Öko-System keinen Schaden nimmt, gibt es seit 1993 ein Verbot für Kajakfahrten und Raften. Buntschillernde Gebirgsauen wechseln einander mit Mischwald, Schutthaldenvegetation und bewirtschafteten Wäldern ab.

In jeder kleinen Nische finden sich Seidelbast, Vogelnestwurz, Schneerose sowie das Langblättrige Waldvöglein. Waldrebe, Huflattich, Berg-Laserkraut, Schwalbenwurz-Enzian, Aurikel, Knabenkraut und der witzig aussehende „wollige Schneeball" runden das Bild ab. Besonderes Augenmerk, vor allem auch wegen ihres „furchterregenden" Namens, verdient die Teufelskralle.

Ganz und gar nicht teuflisch, sondern sehr beruhigend und erholsam geht es rund um den Seetaler See zu. Die Region im Lungau zählt zu den interessantesten und ergiebigsten Fundstellen seltener Moorpflanzen. Wasser, Pflanzen und viele Mikroorganismen werden seit vielen Jahren genauestens untersucht. In dem Hochmoor finden Pflanzenfreunde vor allem Schwingrasen, Latschenflecken sowie interessante Wasserbereiche. Im feuchten Gebiet siedelten sich außerdem die typischen Algen an. Sonnentau, Wasserschlauch, Rosmarinheide, Fieberklee, Sumpf-Veilchen und die Moosbeere recken ihre Köpfe in Richtung Himmel. Genau dorthin steigen auch die vielen Stockenten auf, die das Habitat bewohnen.

Am Überling bei Tamsweg ist eines der größten Moorgebiete in den Alpen zu finden. 39 Hektar Moorfläche in einer Lage von 1.540 und 1.770 Metern Seehöhe! Hier sind alle Typen der alpinen Moore zu finden, ein Sammelsurium dieser feuchten, dunklen Bodentypen. Eine Vielzahl von Pflanzen, die unter diesen Bedingungen entstanden ist, sorgt dafür, dass es nur wenige Regionen gibt, die mehr biologische Schaustücke bieten. Als typische Pflanzen für die Überlingmoore sind die Zwergbirke, Heidekrautgewächse und der Siebenstern zu finden. Nur ein einziges Moor am Überling ist nicht natürlichen Ursprungs: Das Areal südöstlich der Überlinghütte wurde im 19. Jahrhundert für Weidezwecke entwässert. Im Jahr 2000 begannen Fachleute mit Renaturierungsmaßnahmen, die alte Vielfalt und Pracht kehren langsam zurück.

Aber nicht nur weitläufige Gebiete stehen nach dem Beschluss der Landesregierung unter dem immerwährenden Schutz der EU: Auch der Bestand kleiner, idyllischer Orte ist jetzt gesichert! Ein gutes Beispiel dafür ist die Schwarzbergklamm bei Unken: Diese Schlucht zählt zu den längsten Österreichs und kann mit einer geologischen Besonderheit aufwarten: Dunkelräume, die sich in der Tiefe, bis zu 80 Metern, gebildet haben. Seltene Flechten besiedeln die Hänge, Rillen und Ritzen. Ebenfalls unter Schutz steht der Geländestreifen beiderseits des kleinen, mäandernden Unken-Baches.

Ein weit größeres Fließgewässer beheimatet ein Natura 2000-Gebiet: Die Salzachauen. Bis zur Mündung des Inns ist dieser Abschnitt eine der letzten ungestauten Strecken im Alpen- und Voralpenraum. In den Auen des Flusses findet sich trotz der Hochwasserverbauung eine vielseitige Flora und Fauna mit vielen bedrohten Arten. Beim Durchbruch im Bereich der so genannten „Laufener Enge" zeigt sich das ursprüngliche Bild der Flusslandschaft. Die Salzachauen bieten einen reichhaltigen Lebensraum für die meisten Vogelarten des Bundeslandes. Einige Arten, wie der Mittelspecht sowie der Schlagschwirl, kommen in Salzburg nur hier vor. Umweltlandesrat Sepp Eisl: „Die Schönheit der Natur und ein abwechslungsreiches Landschaftsbild sorgen für einen hohen Erlebniswert und haben dazu geführt, dass die Salzachauen für viele Aspekte der Freizeitnutzung und der Erholung von herausragender Bedeutung sind."

Über weite Strecken frei und ungebändigt fließt der Torrener Bach durch das *Bluntautal.*

Baumwollgras säumt eine offene Wasserfläche im Natura 2000-Gebiet *Sieben-Möser/Gerlosplatte.*

Seite 144: Kleiner Wassertümpel vor lockerem Birkenbestand im Wengermoor, Natura 2000-Gebiet *Wallersee-Wengermoor*

Die „Übergossene Alm" – vergletscherte Gipfelregion des Hochkönigs in den *Kalkhochalpen, Salzburg*

Seite 146: Dickblattgewächse, Moose und Flechten erobern kargste Lebensräume im Hagengebirge in den *Kalkhochalpen, Salzburg.*

Viele feuchtigkeitsliebende und daher ebenso seltene Pflanzen findet man im Natura 2000-Gebiet *Winklmoos*.

Seite 149: Detail eines Schwingrasens mit Baumwollgras und Birke, Natura 2000-Gebiet *Seetaler See*

Seltene Orchideenarten findet man am Schwingrasen des fast völlig zugewachsenen *Seetaler Sees*.

Seite 151: Leimkraut-Polster in der abweisenden „Kalkwüste" der Gipfelregion des Hochkönigs, Natura 2000-Gebiet *Kalkhochalpen, Salzburg*

Steinformation in der *Schwarzbergklamm*

Wassertümpel, Moore und alte Baumbestände im Rauriser Urwald, Natura 2000-Gebiet *Hohe Tauern, Salzburg*

Klarer Herbsttag im Krimmler Achental mit Blick auf die Zillertaler Alpen, Natura 2000-Gebiet *Hohe Tauern, Salzburg*

Seite 155: Stete Erfrischung auch für das Auge: eine klare Gebirgsquelle im Natura 2000-Gebiet *Hohe Tauern, Salzburg*

Abendstimmung am Dürrnbachhorn an der Grenze zu Deutschland, Natura 2000-Gebiet *Dürnbachhorn* bzw. *Winklmoos*

Nr. auf Info-Karte	Gebietsbezeichnung	Beschreibung	Fläche in ha
165	**Bluntautal**	*Gebirgsau, Schutthalden und Mischwald*	433,8
144	**Bürmooser Moor**	*Feuchtbiotop*	55,82
154	**Dürrnbachhorn**	*Kalkgebirge, Moorlandschaften*	40,74
160	**Entrische Kirche**	*Höhle*	1
152	**Gernfilzen-Bannwald**	*Kalkgebirge, Moorwälder*	44,87
164	**Gerzkopf**	*Subalpines Moorgebiet*	90,83
155	**Hochgimpling**	*Kalkgebirge, Moorlandschaften*	18,13
147	**Hohe Tauern, Salzburg**	*Hochgebirge mit unterschiedlichen Biotopen*	80.514
157	**Joching**	*Kalkgebirge, Moorlandschaften*	202,38
159	**Kalkhochalpen, Salzburg**	*Kalkgebirge mit unterschiedlichsten Biotopen*	23.710
158	**Kematen**	*Kalkgebirge, Moorlandschaften*	175,91
151	**Klemmerich**	*Kalkgebirge*	469,32
156	**Martinsbichl**	*Kalkgebirge, Moorlandschaften*	37,72
162	**Moore am Überling**	*Ausgedehnter Moorkomplex*	39
143	**Nordmoor am Mattsee**	*Schilfröhricht, Uferzone*	2,38
163	**Obertauern-Hundsfeldmoor**	*Hoch- und Flachmoore, Schwingrasen*	99,84
170	**Oichtenriede**	*Feuchtwiesen*	105,45
149	**Rotmoos-Käfertal**	*Kalk-Niedermoore*	168,74
169	**Salzachauen, Salzburg**	*Ungestaute Fluss-Strecke, Auwälder*	ca. 1.000
150	**Schwarzbergklamm**	*Tief eingeschnittene Klamm*	17,84
161	**Seetaler See**	*Moor, Schwingrasen*	214,54
146	**Sieben-Möser/Gerlosplatte**	*Hangmoorfläche mit Zirben-Fichtenwald, Schwingrasen*	168,57
167	**Tauglgries**	*Weitgehend intakte Wildflusslandschaft*	31,9
168	**Untersberg-Vorland**	*Vielfältige Feuchtgebiete*	180
148	**Wallersee-Wengermoor**	*Nieder- und Hochmoor, Feuchtwiesen, Uferzone*	298,47
145	**Weidmoos**	*Feuchtbiotop*	131,93
153	**Winklmoos**	*Unterschiedliche Moortypen*	78,08
166	**Zinkenbach-Karlgraben**	*Unterschiedliche Feuchtgebiete*	100,45

Oberösterreich

Schwertlilien und Lachmöwen

Berge, Seen, noch unberührte Flecken Natur, die einmalig und faszinierend sind: Oberösterreich will ein ökologisches Zeichen setzen! Natura 2000 bedeutet, die Lebensbedingungen der gefährdeten Tier- und Pflanzenarten zu erhalten, dazu hat sich Österreich mit dem Beitritt zur Europäischen Union verpflichtet. Mit der Festlegung der Natura 2000-Gebiete haben sich die Länder verpflichtet, deren „günstigen Erhaltungszustand" zu garantieren und einen Kontrollplan für die ausgewiesenen Regionen zu erstellen. Um diese durchaus ambitionierte Aufgabe zu meistern, sind so genannte Managementpläne für die Gebiete vorgesehen, die Erhaltungsziele und Maßnahmen im Natura 2000-Gebiet regeln. Diese Pläne sind aus Sicht des WWF ein wichtiger Indikator dafür, inwieweit die Umsetzung in dem jeweiligen Bundesland vorangeschritten ist.
In Oberösterreich wurden bereits 24 Natura 2000-Gebiete mit einer Gesamtfläche von über 70.000 Hektar festgelegt. Viele der Habitate sind durch traditionelle Bewirtschaftung, die harte Arbeit der Grundeigentümer sowie das Wissen um die Landschaftsgestaltung entstanden und brauchen diese auch in Zukunft. Umweltlandesrat Rudi Anschober: „Natura 2000-Schutzgebiete und Landnutzung sind daher kein Gegensatz, sondern vereinbar. In einigen Bereichen sind die Europaschutzgebiete mit Nutzungseinschränkungen verbunden, für die das Land Oberösterreich Ausgleichsfinanzierungen bereitstellt." Andererseits eröffnen die Europaschutzgebiete Chancen für neue Projekte, die seitens der EU im Rahmen des LIFE-Nature-Programmes gefördert werden, einem Programm, das vorrangig Vorhaben unterstützt, die auf die Wiederherstellung natürlicher Lebensräume und den Erhalt seltener Tier- und Pflanzenarten abzielt. Zu all diesen Fragen bietet die Landesregierung einen intensiven Dialog unter dem Motto „Ein Stück Zukunft – die Chance für Natur und Mensch" an, um die Interessen der Landnutzer mit jenen des Naturschutzes bestmöglich in Einklang zu bringen.

Alpenrosen blühen zwischen Kalkfelsen am Ufer des Feichtausees im *Nationalpark Kalkalpen.*

Gerade in Oberösterreich ist der Artenreichtum bunt wie sonst kaum: Die Landschaft spielt alle Stückerl: Da gibt es Borstgras- oder Bürstlingsrasen auf den Almflächen der Kalkalpen, aber auch in meist kleinen Restflächen im Mühlviertel. Der Bürstling – erklären die Fachleute der Landesregierung – ist eine überaus genügsame Pflanze. An trockenen Böschungen findet man ihn gemeinsam mit Mausohr-Habichtskraut, Silberdistel und Thymian. In nassen Bereichen des wunderschönen Mühlviertels wird er oft von Kräutern und Rasensorten umkränzt. In den höheren Regionen des Landes finden Spaziergänger, Naturliebhaber und Wanderer verstärkt bunte Orchideen wie die Mücken-Händelwurz im Borstgras. Daneben sind hier auch Böhmischer Enzian, Arnika oder der Alpen-Brandlattich zu sehen. Eine Bewirtschaftung sollte durch ein- bis zweimalige Mahd erfolgen, auch eine extensive Beweidung ist auf dafür geeigneten, wenig geneigten Flächen denkbar.
Die Bilanz der Umweltabteilung fällt für andere Regionen ebenfalls gut aus: „Entlang vieler Fließgewässer in Oberösterreich wachsen Galeriewälder mit Schwarzerlen und Weiden oder Auwälder mit Erle, Esche und verschiedenen Weidenarten." Entscheidend für den langfristigen Bestand dieser herrlichen Wälder ist eine zumindest periodische Überschwemmung. Bisher wurden die Auen oft für die Lieferung von Brennholz genutzt, die Natura 2000-Regeln verbieten das nicht – sichern aber gleichzeitig den Bestand der typischen Baumarten. Apropos Bäume: Buchenwälder sind im Mühlviertel oder in den Flyschalpen seit Generationen beheimatet. Landeshauptmann-Stellvertreter Erich Haider: „Weitere wichtige Baumarten sind neben der vorherrschenden Buche vor allem die Tanne, in tieferen Lagen auch die Stieleiche und die Traubenkirsche." Dieser Waldtyp ist arm an Sträuchern, die Krautschicht besteht nur aus wenigen Arten, die den Boden sehr locker bedecken. Es finden sich etwa Weißliche und Wald-Hainsimse, Sauerklee und Heidelbeere. Typisch sind Farne, wie Frauenfarn oder Gemeiner Wurmfarn, oder auch verschiedene Moose. Nicht nur in Oberösterreich anzutreffen sind die Halbtrockenrasen, hier sind sie aber vor allem auf kalkigem Untergrund zu finden. Sie können natürlich entstanden

sein, wie etwa entlang der malerisch dahinfließenden Traun. In vielen Fällen bildeten sie sich aber auch durch den Eingriff des Menschen. Damit diese Flächen für die Nachwelt erhalten bleiben, müssen weitere Generationen von Landwirten mähen oder Tiere auf die Weiden schicken. Die Areale würden sonst verbuschen und für immer verschwinden. Auch Hartholzauen mit Stieleiche, Ulme und Esche findet man in Oberösterreich vor allem entlang der großen Flüsse. Die Donau, der Inn, die Salzach und die Traun bieten dieses ökologische Erlebnis immer wieder. Kein Wanderer kann bei seiner Entdeckungsreise wissen, was hinter der nächsten Flussbiegung auf ihn wartet. Zum Beispiel der Alpenkammmolch: Zusammen mit dem nördlich der Donau vorkommenden, nahe verwandten Kammmolch die größte heimische Molchart. Während der Fortpflanzungszeit findet man ihn in den oft reich bewachsenen und fischfreien, stehenden Kleingewässern. Außerhalb der Laichzeit in Landlebensräumen. Er zählt zu den seltensten Amphibienarten Oberösterreichs, seine Hauptvorkommensgebiete sind die Flussauen an Donau und Traun.

Auch einen Natur-Rekord gibt es zu verzeichnen: Auf den Sandbänken und Anlandungen des unteren Inntals bestehen mit mehreren Tausend Brutpaaren die größten Lachmöwenkolonien Österreichs. Diese Art ist zwar keine gefährdete Vogelart, aufgrund der hohen Ansprüche an die Koloniestandorte aber eine verletzliche Art. Lebensplätze finden sich am Unteren Inn. Die Tiere sind aber wählerisch: Ein gemütliches Plätzchen muss Unterschlupf bieten, darf aber nicht zu sehr von Schilf und anderen Pflanzen überwachsen sein. Die Tiere sind auch eine gefiederte Überwachungseinheit: Sie erkennen rechtzeitig herannahende Gefahren und alarmieren mit ihren Schreien die Artgenossen. Von diesem Schutz der Kolonie profitieren zahlreiche andere gefährdete Wasservogelarten, die in den Kolonien oder an deren Rand brüten. Die Auen entlang der großen Flüsse werden nur noch selten überflutet, Stauwerke machen das unmöglich, schützen aber auch bewohnte Gebiete. Typisch für unzerstörte Vegetation ist die üppige Strauch- und Krautschicht mit Hartriegel, Aronstab, Liguster, Bärlauch, Hasel und Feigwurz. Besonders mystische Plätze sind jene Regionen, in denen Hochmoore zu finden sind. Diese sehr sensiblen Öko-Systeme sind vom Grundwasser unabhängig und werden von Regenwasser gespeist. Verschiedene Torfmoosarten wachsen über den Mineralboden hinaus und bilden durch ihre hohe Wasserspeicherkapazität – wie ein Schwamm – einen eigenen Moorkörper. Die Nährstoffzufuhr regelt die Natur ganz einfach: über das Regenwasser. Hochmoorstandorte sind daher sehr nährstoffarm und sauer. Unter diesen extremen Standortbedingungen können nur wenige spezialisierte Pflanzenarten gedeihen. Dazu zählen neben den Torfmoosen der Sonnentau, Moosbeere, Heidekraut, Wachtelweizen, Rosmarinheide, Wollgras, aber auch die Latschen. Wälder auf torfigem Untergrund beschränken sich unter natürlichen Bedingungen auf die Randzonen der Moore. Heute sind sie meist weiter verbreitet, da sich der Wasserhaushalt vieler Moore aus verschiedenen Gründen verändert hat und die Standortbedingungen trockener werden. Es gibt verschiedene Waldtypen, je nach vorherrschender Baumart: Berg- und Moorkiefer, Moorbirke, Rotkiefer. Die Vegetation besteht oft aus Vertretern der Hochmoore: Moose, Erika, Wollgras, Sonnentau, Moosbeere. Buchenwälder herrschen auf südseitigen, steilen Hängen mit flachen, kalkreichen Böden vor. Dort wachsen in der Krautschicht verschiedene Orchideen wie Frauenschuh, Braunrote Stendelwurz, Rotes, Bleiches und Langblättriges Waldvögelein. Dieser Waldtyp kommt in Oberösterreich vor allem in den nördlichen Kalkalpen vor. Die klimatisch extremsten Teile des Landes, die höchsten Lagen der Kalkalpen über der Baumgrenze, bieten trotzdem einen Lebensraum: Dort findet man das Alpenschneehuhn. Die scheuen Tiere leben in größter Abgeschiedenheit, 100 bis 200 Paare sollen hier noch unterwegs sein. Vor allem Kleinlebewesen kann man in den Pfeifengraswiesen auf wechselfeuchten bis nassen Standorten beobachten, teilweise in Verbindung mit Niedermooren. Diese Wiesen sind vor allem in Oberösterreich im Salzkammergut und im westlichen Alpenvorland zu finden. Sie werden oft als „Streuwiesen" bezeichnet, da sie zur Gewinnung von Einstreu herangezogen wurden. Auch ihre Erhaltung ist von einer genauen Bewirtschaftung abhängig, sonst gehen in kurzer Zeit Sträucher oder Bäume auf. Neben dem Pfeifengras gedeihen hier die wunderschöne Sibirische Schwertlilie, zierlicher Lungen- und Schwalbenwurzenzian, der mystische Teufelsabbiss, aber auch Orchideen, wie das Breitblättrige und das Fleischrote Knabenkraut oder die Mücken-Händelwurz.

Für Naturfreunde interessant sind auch die vielen Schlucht- und Hangwälder des Landes. Diese Laubmischwälder wachsen auf Hängen oder nährstoffreichen, bodenfeuchten Hangfüßen. Meist sind es kühl-feuchte Lagen, doch finden sich diese Waldarten auch auf trocken-warmen Standorten. In Oberösterreich sind diese Forste meist kleinflächig. Sie erstrecken sich im Mühlviertel, im Alpenvorland und in den Kalkalpen. Charakteristisch ist der Reichtum an Edellaubhölzern wie Winterlinde, Ulme, Ahorn und Esche. In den idyllischen Waldlandschaften Oberösterreichs zieht der Schwarzspecht seine Kreise. Er liebt die altholzreichen Waldflächen mit verschiedenster Baumartenzusammensetzung. Gerne schlägt er sein Quartier in naturnahen Laubmischwäldern in allen Landesteilen auf. Fleißig produziert er in den Bäumen Höhlen. Wenn er das Interesse an dieser Behausung verloren hat, ist im Gehölz Platz für andere höhlenbrütende Vogelarten wie den Raufußkauz oder die Hohltaube. Solange sich diese Tiere in den Himmel erheben, sind Flora und Fauna Oberösterreichs intakt ...

Totes Holz in naturbelassenen Wäldern bietet zahlreichen Tieren Nahrung und Lebensraum, Natura 2000-Gebiet *Nationalpark Kalkalpen*.

Die *Maltsch* ist ein weithin naturbelassener Fluss und bildet die Grenze zur Tschechischen Republik.

Seite 163: Herbstimpression im Natura 2000-Gebiet *Auwälder am Unteren Inn*

Abendstimmung an der Donauschlinge bei Schlögen im *Oberen Donautal*

Teichrosenblätter am Seeleitensee glänzen in der Abendsonne im Natura 2000-Gebiet *Pfeifer Anger.*

Die Seeache, Lebensraum seltener Fische und Kleinstlebewesen, verbindet die beiden Seen des Natura 2000-Gebietes *Mond- und Attersee.*

Seite 167: Fichtenzweig nach einem Eisregen im Natura 2000-Gebiet *Böhmerwald und Mühltäler*

Sommerimpression im Natura 2000-Gebiet *Kalksteinmauer und Orchideenwiese in Laussa*

Morgenstimmung am Heratinger See bei Ibm im Natura 2000-Gebiet *Wiesengebiete und Seen im Alpenvorland*

Ein Leimkraut-Polster mit einem einzelnen Frühlingsenzian wächst auf einer Schutthalde im Natura 2000-Gebiet *Dachstein*.

Seite 170: Sonniger Wintertag hoch oben am Dachstein und eisige Kälte am Gosausee, Natura 2000-Gebiet *Dachstein*

Ein klarer Sommermorgen im Natura 2000-Gebiet *Wiesengebiete und Seen im Alpenvorland*

Seite 172: Wald bedeckt einen großen Teil der *Kalkalpen*.

Still-Leben mit Schilf in einem Augewässer der Salzach, Natura 2000-Gebiet *Salzachauen*, Oberösterreich

Nr. auf Info-Karte	Gebietsbezeichnung	*Beschreibung*	Fläche in ha
180	**Auwälder am Unteren Inn**	*Auwälder und Trockenrasen*	550
189	**Böhmerwald und Mühltäler**	*Hochmoore und verschiedenste Waldtypen*	9.797
184	**Dachstein**	*Kalkgebirge mit unterschiedlichsten Biotopen*	14.627
179	**Ettenau**	*Hartholzauen*	574
176	**Frankinger Moos**	*Hochmoor und Moorwälder*	48
186	**Kalksteinmauer und Orchideenwiese in Laussa**	*Kalktrockenrasen*	103
194	**Maltsch**	*Aulandschaften, Überschwemmungswiesen*	348
182	**Mond- und Attersee**	*Seen mit seltenen Fischvorkommen*	6.135
185	**Nationalpark Kalkalpen, 1. Verordnungsabschnitt**	*Kalkgebirge mit unterschiedlichen Biotopen*	21.454
188	**Oberes Donau- und Aschachtal**	*Hainbuchen-, Schlucht- und Hangmischwälder*	7.119
190	**Oberes Donautal**	*Hainbuchen-, Schlucht- und Hangmischwälder*	924
177	**Pfeifer Anger**	*Übergangsmoore und Feuchtwiesen*	140
172	**Radinger Moorwiesen**	*Niedermoore, Moorwälder*	3
183	**Reinthaler Moos**	*Feuchtwiese mit Kalktuffquellen*	16
175	**Salzachauen**	*Verschiedenste Auwälder*	312
192	**Tal der Kleinen Gusen**	*Schwarzerlen-Eschen-Wälder*	346
174	**Tanner Moor**	*Kiefernhochmoor*	120
191	**Traun-Donau-Auen**	*Hartholzauen*	664
171	**Untere Traun**	*Aulandschaften*	2.454
181	**Unterer Inn**	*(Stau-)See mit Erlen-Eschen-Au*	864
187	**Unteres Trauntal**	*Aulandschaft, Halbtrockenrasen*	213
173	**Waldaist und Naarn**	*Auenwälder, Flüsse des Flach- und Hügellandes*	4.158
193	**Wiesengebiete im Freiwald**	*Feuchtwiesen*	2.410
170	**Wiesengebiete und Seen im Alpenvorland**	*Hoch- und Niedermoore, Moorwälder, eutrophe Seen, Feuchtwiesen*	1.375

Wien

Natur in der Stadt

Beton, Asphalt, Straßen – Großstädte bieten für Fauna und Flora keinen Platz. Dieses Vorurteil wird in der Weltstadt Wien eindrucksvoll widerlegt. Denn in der Stadt an der Donau gibt es ein dichtes Netz an ökologischen Kostbarkeiten, das sich über das gesamte Gemeindegebiet zieht. Und das ist durchaus selten: Ursprüngliche Naturräume sind nämlich im Kulturraum Europa zur Seltenheit geworden. Die Europäische Union sorgt mit dem Natura 2000-Projekt dafür, dass diese Refugien für immer erhalten bleiben. Gerade für „Stadtmenschen" ist es besonders wichtig, den Kontakt zu Flora und Fauna nicht komplett zu verlieren.

Mehrere idyllische Landstriche sind Natura 2000-Regionen geworden. Die interessanteste Geschichte hat der Nationalpark Donau-Auen: Bis ins 19. Jahrhundert war die Donau ein wilder, ungezähmter Fluss. Dann veränderte der Mensch durch drastische Regulierungsarbeiten den Naturhaushalt ganz gewaltig. Nebenarme wurden abgetrennt und sind jetzt nur noch bei Hochwässern von Donauwasser durchströmt. Weitere – beinahe verheerende – Eingriffe folgten durch die intensive kommerzielle Nutzung der Auwälder. Dann kam in den 50er-Jahren der „ehrgeizige" Plan einer nahezu lückenlosen Kette von Flusskraftwerken entlang der Donau. 1984 drohte mit dem geplanten Bau des Kraftwerkes Hainburg die Zerstörung des letzten freifließenden Donaubereiches mit seiner einzigartigen Vegetation. Das hatte landesweite Proteste zur Folge. Die Verantwortlichen erkannten nicht gleich, dass die Au und alle ihre Geschöpfe erhalten bleiben müssen. Die gewaltlose Besetzung der Wälder durch Tausende Menschen aus allen Alters- und Berufsgruppen zeigte, dass sich die Menschen um Fauna und Flora sorgen. Nach mehreren erfolglosen Räumungsversuchen durch die Exekutive im Dezember 1984 wurde von der Bundesregierung die legendäre „Nachdenkpause" verordnet. Wissenschaftler stellten dann umfangreiche Untersuchungen an. Mit durchaus überraschendem Ergebnis: So konnten im Wasser der „blauen Donau" weit mehr Fischarten nachgewiesen werden, als zum Zeitpunkt der Kraftwerksplanungen bekannt war. Umweltstadträtin Ulli Sima: „Das wichtigste Ergebnis dieser Studien war, dass die Donau-Auen in und östlich von Wien nationalparkwürdig sind. Es wurde auch festgestellt, dass ein Kraftwerk mit einem Nationalpark nicht vereinbar ist." Am 27. Oktober 1996 war es dann so weit: Der Nationalpark Donau-Auen wurde offiziell eröffnet. Durch die Erhaltung dieses Habitates wurde durchaus „Umweltgeschichte" geschrieben! Denn der Nationalpark schützt eine der letzten großen unverbauten Fluss-Auen Mitteleuropas. Die Dynamik des fließenden Stromes ist hier noch wirksam: Das Auf und Ab der Wasserstände bestimmt den Lebensrhythmus der Tiere und Pflanzen. Ein Mitarbeiter der Umweltabteilung der Kommune schwärmt: „Der Fluss mit seinen Überschwemmungen hat diese Landschaft geformt und nährt noch heute eine große Vielfalt an Pflanzen und Tieren." Ein Ziel der Stadtväter und Stadtmütter: Im Nationalpark soll sich die Natur weiterhin frei von wirtschaftlichen Zwängen entfalten können. Damit garantiert ist, dass auch kommende Generationen deren Kraft und Schönheit noch selbst erfahren können.

Ein Idyll ist auch der Bereich rund um den Bisamberg. Die wunderbaren Wälder, die im Herbst die Farbe ihres Laubes täglich ändern, beherbergen Tiere und Pflanzen, die man in dicht besiedelten Gebieten sonst kaum mehr sieht. Wenn man hier durch den Forst streift, dann spürt man, wie wichtig der Natura-Gedanke ist: Einmalige Landschaft, unwiederbringliche Fauna und Flora – sie gilt es für die nächsten Generationen zu erhalten. Die Bisamberg-Region zeigt auch einen anderen Bereich, den der Schutzgedanke erfasst: Jahrhundertelange bewirtschaftete Landschaft, gestaltet durch die Kraft und den Willen unserer Ahnen, schmiegt sich in die Gegend ein. Für Blumen-Freunde ein echtes Paradies: Hier recken 50 Prozent aller heimischen Orchideenarten ihre Köpfe in Richtung Sonne. Eingeweihte können zu den Plätzen führen, wo ganz, ganz seltene Exemplare gedeihen – anschauen erlaubt, pflücken strengstens verboten! Zusätzlich eröffnet ein Netz von Wanderwegen und Radstrecken Besuchern und Hobby-Sportlern alle Geheimnisse der Region. Im Herbst kann man die bunten Weingärten ge-

Zartes Morgenlicht schimmert durch frisches Frühlingslaub und beleuchtet einen Buchenhain im *Lainzer Tiergarten.*

nießen, Ausblicke über die Stadt erleben und in einem der kleinen Lokale einkehren. Entlang der gut markierten Strecken gibt es Themenpunkte, auf denen Geschichtliches und Informatives zu lesen ist. So erfährt man beispielsweise, dass schon Johann Nestroy den Wein am Bisamberg besungen hat. Das Themenwegenetz umfasst Strebersdorf, Stammersdorf und Jedlersdorf sowie die niederösterreichischen Gemeinden Bisamberg, Hagenbrunn und Langenzersdorf.

In einem anderen Teil der ehemaligen Kaiser-, Reichs- und Residenzstadt schlängelt sich der renaturierte Liesingbach: Seit Tonnen von Beton der ehemaligen Wildwasserverbauung entfernt wurden, siedeln sich hier wieder Pflänzlein und Geschöpfe an, die seit dem massiven Umbau des Gewässers verschwunden waren. Hier zeigt sich, dass durch die Zusammenarbeit der Abteilungen des Magistrates Refugien geschaffen werden können, welche die Einmaligkeit unserer Natur eindrucksvoll zeigen. Einzigartige Fisch-, Vogel- und Pflanzenarten haben hier eine der letzten Zufluchtsstätten gefunden. Der wieder an die Natur angepasste Teil des Baches bietet aber auch den Anrainern und Bürgern der Stadt außergewöhnlich angenehme Grünoasen, in denen man Geist und Seele baumeln lassen kann.

Ein Rückzugsgebiet mit langen historischen Wurzeln liegt im Westen der Stadt: Der Lainzer Tiergarten. 1270 als „Auhof in Hütteldorf" das erste Mal dokumentiert. Die hohen Herrschaften des Wiener Hofes fanden Gefallen an dem weitläufigen Areal: 1457 existierte bereits ein „Tier- und Saugarten" im Bereich Laab im Walde. Unter Kaiser Josef II. erhielt das Refugium seine heutige Ausdehnung. Der bis dahin existierende Palisadenzaun wird ab 1782 durch die noch heute ortsbildbestimmende Tiergartenmauer ersetzt. 1886 wird die Hermesvilla fertig gestellt, Kaiser Franz Joseph ließ sie errichten. Als Jagdhaus geplant, machte der Herrscher dieses Gebäude seiner Gattin Elisabeth zum Geschenk, in der Hoffnung, dass sie hier ein privates Refugium finden möge. Die Villa – aufgrund der spielerischen Auflösung der Baukörpersymmetrie für die Architektur der späteren romantischen Villen beispielgebend – besitzt eine opulente Innenausstattung, an der die bedeutendsten Künstler des Historismus beteiligt waren. Ende des Ersten Weltkrieges geht noch einmal viel Grünfläche verloren – wegen eines durchaus ehrgeizigen Projektes allerdings: Für die Siedlung „Friedensstadt" wird ein Teil des Buchenwaldes gerodet. Erstmals kann auch die Bevölkerung durch das Habitat flanieren: Der Tiergarten wird an Wochenenden für Gäste geöffnet. Ende der 30er-Jahre drohte das Ende: Ein Sportstadion für Hundewettrennen sollte errichtet werden, die Pläne werden aber nicht umgesetzt. Ein Mitarbeiter des Forstamtes erzählt: „Von 1945 bis 1955 kommt das Gebiet unter russische Besatzung. Infolge der starken Not wird das Wild stark dezimiert. Brennholz war rar, also plünderten Holzdiebe die Wälder. Und die einst prachtvolle Hermesvilla wurde geplündert und verfiel langsam zur Ruine."

Ab 1960 wurde dieser „grüne Diamant" behutsam und langsam wieder reanimiert. Die dunklen, beeindruckenden Buchenwälder erholten sich, jedes Frühjahr gab es mehr Frischlinge und Tiernachwuchs. Im Jahr 1998 besiegelt die Umweltschutzabteilung mit exakten Plänen für Wald, Wasser, Wiesen und Ackerflächen den Naturschutzgedanken. Der grüne Gedanke wird fortgesetzt: Jetzt soll eine Biomasse-Heizung für den Komplex der Hermesvilla ökologisch wertvolle Energie liefern und den Schadstoffausstoß weiter senken.

Wien ist mit der Umsetzung der Natura 2000-Gebiete seiner Vorreiterrolle im Bereich Umweltschutz wieder einmal gerecht geworden. Die Mittel für die Erhaltung der Habitate, so steigen in den Donau-Auen wieder Greifvögel in den Himmel, stellen die Kommune sowie die Europäische Union zur Verfügung. Umweltstadträtin Uli Sima: „Der Wiener Grüngürtel, ein Spezifikum, um das unsere Stadt international beneidet wird, wurde 1995 – 90 Jahre nach der Unterschutzstellung des Wienerwaldes und großer Flächen im Süden Wiens 1905 unter Bürgermeister Lueger – im Nordosten der Stadt geschlossen. In Zukunft steht die Erhaltung dieser einmaligen Landschaftstypen im Vordergrund. Eine Aufgabe, die wir gemeinsam mit Partnern aus dem Forstbereich, der Wirtschaft und aus unseren Nachbarbundesländern schaffen werden."

Nr. auf Info-Karte	**Gebietsbezeichnung** *Beschreibung* Fläche in ha
198	**Bisamberg (Wiener Teil)** *Laubwald, Trockenrasen* 340
196	**Landschaftsschutzgebiet Liesing (Teil A, B und C)** *Renaturierter Flussabschnitt* 639
197	**Nationalpark Donau-Auen (Wiener Teil)** *Ausgedehnte Aulandschaft* 2.258
195	**Naturschutzgebiet Lainzer Tiergarten** *Laubwald* 2.259

Brombeerstauden und trockene Gräser säumen den Waldrand am spätsommerlichen *Bisamberg.*

Der Liesingbach wird abschnittsweise wieder in einen lebendigen Fluss renaturiert, Natura 2000-Gebiet *Landschaftsschutzgebiet Liesing.*

Ausblick vom *Bisamberg* auf das Wiener Vorstadtgebiet und Floridsdorf

Als „Großstadtdschungel" lassen sich ehemalige Altarme in Wien bezeichnen, Natura 2000-Gebiet *Nationalpark Donau-Auen*.

Seite 182: Herbstliches Niederwasser an einem Altarm in der Lobau, Natura 2000-Gebiet *Nationalpark Donau-Auen*

Stiller Wintertag an einem Auweiher in der Lobau, Natura 2000-Gebiet *Nationalpark Donau-Auen*

Spätherbst im Buchenwald des *Lainzer Tiergartens*

Seite 186/187: Stiller Auwald in der Lobau an einem schneelosen Wintertag, Natura 2000-Gebiet *Nationalpark Donau-Auen*

Niederösterreich
1 Waldviertler Teich-, Heide- und Moorlandschaft
2 Pannonische Sanddünen
3 Strudengau – Nibelungengau
4 Kamp- und Kremstal
5 Machland Süd
6 Niederösterreichische Alpenvorlandflüsse
7 Ötscher – Dürrenstein
8 Wachau
9 Wachau – Jauerling
10 Truppenübungsplatz Allentsteig
11 Thayatal bei Hardegg
12 Westliches Weinviertel
13 Tullnerfelder Donau-Auen
14 Nordöstliche Randalpen
15 Steinfeld
16 Wienerwald – Thermenregion
17 Weinviertler Klippenzone
18 Sandboden und Praterterrasse
19 Donau-Auen östlich von Wien
20 Feuchte Ebene – Leithaauen
21 Hundsheimer Berge
22 Bisamberg
23 March-Thaya-Auen

Burgenland
24 Nordöstliches Leithagebirge
25 Siegendorfer Puszta und Heide
26 Südburgenländisches Hügel- und Terrassenland
27 Auwiesen Zickenbachtal
28 Lafnitzauen
29 Bernstein-Lockenhaus-Rechnitz
30 Parndorfer Heide
31 Parndorfer Platte – Heideboden
32 Haidel bei Nickelsdorf
33 Frauenwiesen
34 Zurndorfer Eichenwald und Hutweide
35 Neusiedler See – Seewinkel
36 Hangwiesen Rohrbach-Schattendorf-Loipersbach einschließlich NSG Rohrbacher Kogel
37 Mattersburger Hügelland
38 Naturwaldreservat Lange Leiten Neckenmarkt

Steiermark
39 Steirisches Dachsteinplateau
40 Ramsauer Torf
41 Steilhangmoor im Untertal
42 Patzenkar
43 Oberlauf der Pinka
44 Teile des Steirischen Jogl- und Wechsellandes
45 Lafnitztal – Neudauer Teiche
46 Hartberger-Gmoos
47 Feistritzklamm/Herberstein
48 Teile des südoststeirischen Hügellandes inklusive Höll und Grabenlandbäche
49 Steirische Grenzmur mit Gamlitzbach und Gnasbach
50 Demmerkogel-Südhänge, Wellinggraben mit Sulm-, Saggau- und Laßnitzabschnitten und Pößnitzbach
51 Schwarze und Weiße Sulm
52 Deutschlandsberger Klause
53 Flaumeichenwälder im Grazer Bergland
54 Peggauer Wand
55 Raabklamm
56 Kirchkogel bei Pernegg
57 Teile der Eisenerzer Alpen
58 Ennstaler Alpen/Gesäuse
59 Pölshof bei Pöls
60 Zirbitzkogel
61 Pürgschachen-Moos und ennsnahe Bereiche zwischen Selzthal und dem Gesäuseeingang
62 Ober- und Mittellauf der Mur mit Puxer Auwald, Puxer Wand und Gulsen
63 Furtner Teich
64 Hörfeld, Steiermark
65 Furtner Teich – Dürnberger-Moor
66 Dürnberger Moor
67 Teile des steirischen Nockgebietes
68 Hochlagen der südöstlichen Schladminger Tauern
69 Gamperlacke
70 Schluchtwald der Gulling
71 Wörschacher Moos und ennsnahe Bereiche
72 Ennsaltarme bei Niederstuttern
73 Gersdorfer Altarm
74 Niedere Tauern
75 Totes Gebirge mit Altausseer See
76 Zlaimmöser-Moore/Weißenbachalm
77 Ödensee
78 Hochlagen der östlichen Wölzer Tauern und Seckauer Alpen

Kärnten
79 Gail im Lesachtal
80 Untere Lavant
81 Wolayersee und Umgebung
82 Mussen
83 Großedlinger Teich
84 Ratschitschacher Moor
85 Kalk-Tuffquellen Völkermarkter Stausee
86 Vellacher Kotschna
87 Sablatnig Moor
88 Turner See
89 Flachwasserbiotop Neudenstein
90 Völkermarkter Stausee
91 Hörfeld Moor – Kärntner Anteil
92 Höfleinmoor
93 Gut Walterskirchen
94 Reifnitzbach
95 Fronwiesen
96 Hochmoor bei St. Lorenzen
97 Tiebelmündung
98 Nockberge (Kernzone), Kärnten
99 Schütt – Graschelitzen
100 Villacher Alpe (Dobratsch)
101 Görtschacher Moos – Obermoos im Gailtal
102 Inneres Pöllatal
103 Obere Drau
104 Möserner Moor
105 Stappitzer See und Umgebung
106 Hohe Tauern (Kernzone II und Sonderschutzgebiete), Kärnten
107 Hohe Tauern (Kernzone I und Sonderschutzgebiete), Kärnten

Tirol
108 Hohe Tauern, Tirol
109 Lechtal
110 Arzler Pitzeklamm
111 Vilsalpsee
112 Fließer Sonnenhänge
113 Schwemm
114 Egelsee
115 Valsertal
116 Karwendel
117 Ortolanvorkommen Silz-Haiming-Stams
118 Engelswand
119 Ötztaler Alpen
120 Afrigal

Vorarlberg
121 Wiegensee
122 Bregenzerachschlucht
123 Schuttfluren Tafamunt
124 Verwall
125 Witmoos
126 Gadental
127 Unter-Überlutt
128 Bergwälder Klostertal
129 Rohrach
130 Alpenmannstreu Gamperdonatal
131 Spirkenwälder Brandnertal
132 Spirkenwald Oberer Tritt
133 Spirkenwälder Innergamp
134 Spirkenwälder Saminatal
135 Ludescherberg
136 Bangs-Matschels
137 Fohramoos
138 Gsieg–Obere Mähder
139 Lauteracher Ried
140 Rheindelta
141 Mehrerauer Seeufer – Mündung der Bregenzerach
142 Leiblach

Salzburg
143 Nordmoor am Mattsee
144 Bürmooser Moor
145 Weidmoos
146 Sieben-Möser/Gerlosplatte
147 Hohe Tauern, Salzburg
148 Wallersee-Wengermoor
149 Rotmoos-Käfertal
150 Schwarzbergklamm
151 Klemmerich
152 Gernfilzen-Bannwald
153 Winklmoos
154 Dürrnbachhorn
155 Hochgimpling
156 Martinsbichl
157 Joching
158 Kematen
159 Kalkhochalpen, Salzburg
160 Entrische Kirche
161 Seetaler See
162 Moore am Überling
163 Obertauern-Hundsfeldmoor
164 Gerzkopf
165 Bluntautal
166 Zinkenbach-Karlgraben
167 Tauglgries
168 Untersberg-Vorland
169 Salzachauen, Salzburg
170 Oichtenriede

Oberösterreich
171 Untere Traun
172 Radinger Moorwiesen
173 Waldaist und Naarn
174 Tanner Moor
175 Salzachauen
176 Frankinger Moos
177 Pfeifer Anger
178 Wiesengebiete und Seen im Alpenvorland
179 Ettenau
180 Auwälder am Unteren Inn
181 Unterer Inn
182 Mond- und Attersee
183 Reinthaler Moos
184 Dachstein
185 Nationalpark Kalkalpen, 1. Verordnungsabschnitt
186 Kalksteinmauer und Orchideenwiese in Laussa
187 Unteres Trauntal
188 Oberes Donau- und Aschachtal
189 Böhmerwald und Mühltäler
190 Oberes Donautal
191 Traun-Donau-Auen
192 Tal der Kleinen Gusen
193 Wiesengebiete im Freiwald
194 Maltsch

Wien
195 Naturschutzgebiet Lainzer Tiergarten
196 Landschaftsschutzgebiet Liesing (Teil A, B und C)
197 Nationalpark Donau-Auen (Wiener Teil)
198 Bisamberg (Wiener Teil)

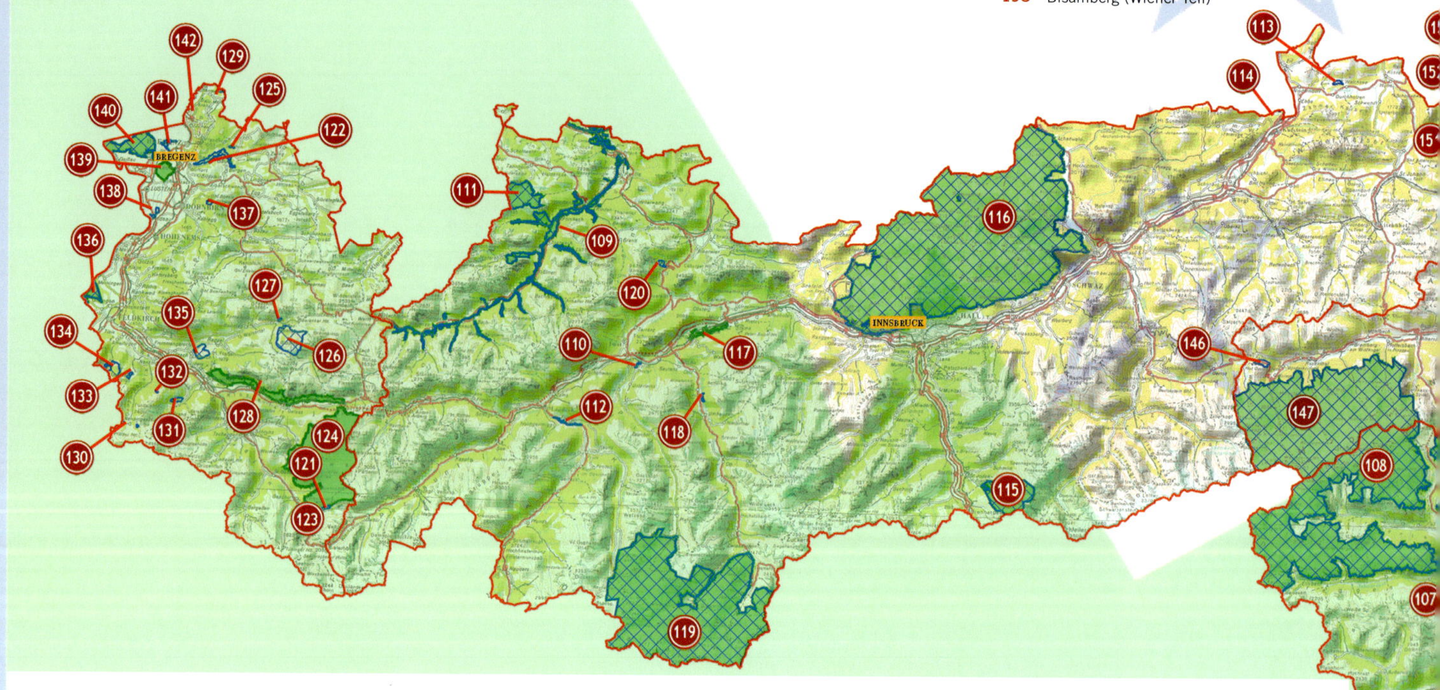

Bundesländergrenzen

Gebiet gemäß Habitat-Richtlinie (pSCI, SCI)

Gebiet gemäß Vogelschutzrichtlinie (SPA)

tirol

N

20 10 0 20 km

Projektion: Gauß-Krüger, Bezugsmeridian: 31° östl. Ferro

Bearbeiter: Mag. Christian Plössnig, Amt der Tiroler Landesregierung, Abt. Umweltschutz
Kartographie: Dr. Michael Haupolter, Amt der Tiroler Landesregierung, Abt. Umweltschutz, tiris
Quellen: Amt der Wiener Landesregierung MA 22-Umweltschutz
Amt der Burgenländischen Landesregierung, Abt. IV Natur- und Umweltschutz
Amt der Niederösterreichischen Landesregierung, Abt. Naturschutz
Amt der Oberösterreichischen Landesregierung, Abt. Naturschutz
Amt der Steiermärkischen Landesregierung, FA13C Fachstelle Naturschutz
Amt der Kärntner Landesregierung, Abt. 2 RO
Amt der Salzburger Landesregierung, Abt. 13/02
Amt der Tiroler Landesregierung, Abt. Umweltschutz
Amt der Vorarlberger Landesregierung, Umweltschutzabteilung
GIS-Datenquellen: MA14-ADV/GDV, Abt. 5 Biologische Station Illmitz
BD5-NÖGIS, BauVL-DORIS, GIS-Steiermark
Abt. 20 - KAGIS, SAGIS, tiris, Abt. UWS, VOGIS - VIIa
Hintergrundkarte: ÖK500 BEV Wien, Nutzungsgenehmigung Land Tirol

tiris
www.tirol.gv.at/tiris

Natura 2000-Gebiete in Österreich

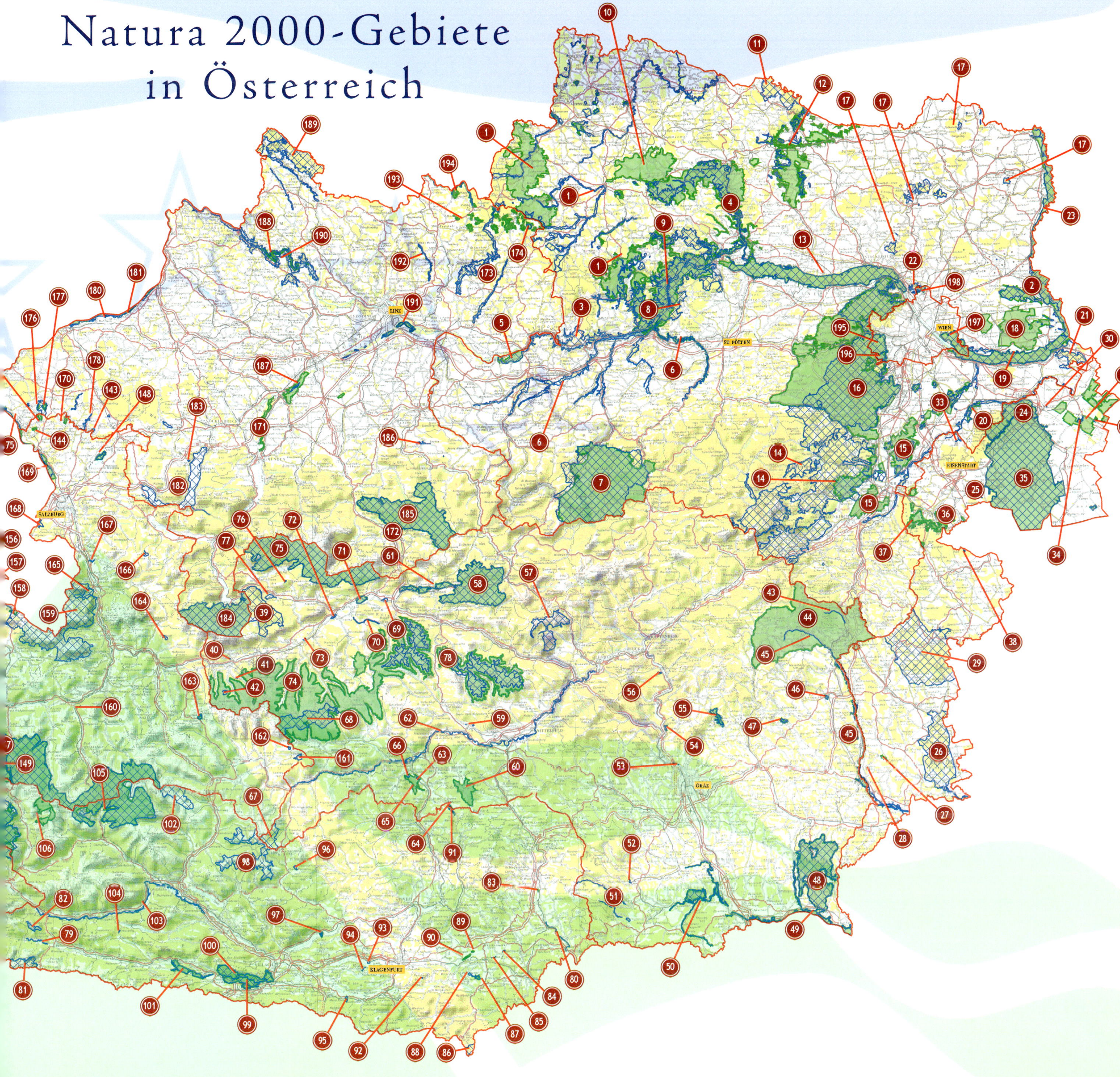

Zur Fotografie

Die etwa 140 Landschaftsfotografien, die Sie in diesem Bildband betrachten können, sind das Ergebnis zweijähriger, intensiver und gezielter Arbeit. Über 200 Gebiete, vom östlichen Burgenland bis zum Bodensee, wurden in die Liste der Natura 2000-Gebiete aufgenommen, mehr als 100 davon haben wir für diesen Bildband mit unserer Großformat-Kamera besucht und auf Dia-Film gebannt. Am Ende standen etwa 60 individuelle Foto-Trips zu Buche: eintägige Ausflüge bis zweiwöchige „Exkursionen", teils simple Spaziergänge, teils anstrengende Bergtouren, fast 30.000 gefahrene Kilometer auf Österreichs Straßen und über 2.000 belichtete Filme. Vom nicht zu unterschätzenden Zeitaufwand für Planungs- und Recherchearbeiten – man kann an ein so umfangreiches Fotoprojekt natürlich nicht ohne gründliche Vorbereitung herangehen – gar nicht zu reden. Entscheidungen, welche Gebiete auf jeden Fall in den Bildband aufgenommen werden müssen, welche Regionen wann und wo am fotogensten sind und generell, welche Gebiete nicht doch von der Liste gestrichen werden können bzw. noch im Laufe der Arbeiten hinzukommen könnten, müssen von Tag eins der Arbeiten an bis zur Abgabe der Dias diskutiert, erwogen und letztendlich definitiv getroffen werden. Manche der Gebiete sind darüber hinaus so weitläufig und facettenreich, dass sie zahlreiche mehrtägige Wanderungen zu unterschiedlichen Jahreszeiten notwendig machten, um ihre Schönheit auch nur annähernd repräsentativ wiedergeben zu können. Von Anfang an war es klar: Gebiete wie den Alpenpark Karwendel, die Ötztaler Alpen, den Neusiedler See oder das Waldviertel kann man nicht anhand einer oder weniger Aufnahmen porträtieren, denn jede dieser Landschaften allein würde schon ausreichend Motive für einen eigenen Bildband liefern. Andere Gebiete wiederum präsentierten sich klein oder unscheinbar, ihre Bedeutsamkeit war für unser freies Laienauge nicht erkennbar. In diesen Fällen beschränkten wir uns auf Detailaufnahmen, die uns nach eingehender „Inspektion" des Gebietes als typisch erschienen oder in besonderer Weise die örtliche Atmosphäre einfingen – und wenn es auch nur jene dieses einen Moments war. Das Auffinden dieser unscheinbaren Gebiete war trotz exakter Karten nicht immer ein Kinderspiel, so vermochten z. B. selbst Anrainer nicht genau zu berichten, wo sich etwa das Witmoos (Vorarlberg) oder das Rheintaler Moos (OÖ) befindet, und manchmal waren nur die direkten Grundbesitzer oder alteingesessenen Bauern die einzig verlässlichen Informationsquellen. Auch das Wetter spielte bei unserer Arbeit eine nicht unwesentliche Rolle: Gelegentlich waren Licht und Wetterverhältnisse konstant ungünstig, sodass wir für eine einzige gelungene Aufnahme bis zu drei Tage warten oder das Gebiet zu einem anderen Zeitpunkt erneut anfahren mussten.

Nur ein Bruchteil der dabei entstandenen Fotografien fand letztlich den Weg ins Buch. Zu viele Faktoren, abgesehen von der Unmöglichkeit, alle Gebiete ausführlich in einem Bildband darzustellen, waren zu berücksichtigen. Besonderes Augenmerk wollten wir von Anfang an auf die Qualität der Bilder bzw. auf deren Reproduktion in diesem Bildband legen. Statt den Betrachter mit einer Bilderflut zu überladen, sollte jedes einzelne ausgewählte Motiv auch als eigenständige Fotografie außerhalb jeglichen inhaltlichen Kontexts stehen können. So ließ sich auch ein uns wichtiges Anliegen vermitteln: Ganz gleich, wie groß oder klein jedes einzelne Schutzgebiet sein mag, es sind alle gleichermaßen schützenswert. Darüber hinaus sollte sich letztlich eine Bestandsaufnahme wertvoller österreichischer Naturlandschaften ergeben, deren jahreszeitliche Facetten – in Detailaufnahmen und mit weitläufigem Blick gleichermaßen – einen möglichst abwechslungsreichen visuellen Reiz bieten.

Wollen wir unsere eigene Arbeit jedoch als gelungen betrachten, sollte von all den Mühen und Anstrengungen der Entstehungsgeschichte dieses Bildbandes beim Durchblättern, Betrachten und Lesen freilich keine Spur mehr zu finden sein. Vielmehr sollte der Übergang vom Hochgebirge zum Hochmoor, von blühenden Wiesen zu stillen Teichen, von scheinbar unberührten Wäldern zu rauschenden Flüssen mühelos und harmonisch gelingen. Als wäre es immer noch ein Leichtes von einer unberührten Naturlandschaft zur nächsten zu finden, unsere Augen durch die Landschaften streichen lassen zu können ohne von Zerstörungen, Verbauungen und Zersiedelung irritiert zu werden. Nur allzu genau wissen wir natürlich alle, dass dies in der realen Welt außerhalb eines Bildbandes völlig illusorisch ist. Ein Anliegen von uns wäre deshalb: Nehmen

Sie die Eindrücke aus diesem Buch und machen Sie einen Vergleich, wie oft Sie im Alltag auf ähnlich unberührt anmutende Flecken Natur stoßen. Die Chancen, dass dies sehr häufig der Fall ist, stehen leider nicht allzu hoch. Und wenn doch, haben Sie es mit größter Wahrscheinlichkeit dem einen oder anderen Naturschutzprojekt, egal wie klein oder ausgedehnt, zu verdanken.
Natura 2000 ist wohl das bis dato größte und ambitionierteste Naturschutzprojekt, das je in Angriff genommen wurde. Um die Bedeutung dieses Vorhabens zu vermitteln, nutzen wir die Macht der Fotografie: Der Mensch als visuelles Wesen nimmt, mehr als mit allen seinen anderen Sinnen, in erster Linie mit den Augen wahr. Will man auf die Notwendigkeit des Naturschutzes, oder eines speziellen Umweltschutzprojekts hinweisen, erreicht man mit Bildern mehr, als es Tausende Worte wissenschaftlicher Befunde und gut gemeinter Ansprachen vermögen.
Um so einen engagierten Bildband auch in die Tat umzusetzen bedarf es natürlich einiger tatkräftiger Unterstützung. Allen voran gilt unser Dank dem Leykam Buchverlag, insbesondere Herrn Dr. Wolfgang Hölzl für sein Interesse, Engagement und seine Unterstützung vom ersten Tag an, weiters Herrn Mag. Josef Weilguni vom Leykam Buchverlag für die laufende Betreuung und der Buchdesignerin Frau Andrea Malek für die verlässliche Qualität, aber auch für ihre große Geduld mit allen Mitwirkenden und ihr Verständnis für die bei einem Buchprojekt dieser Größenordnung zwangsläufige Meinungsvielfalt. Dank auch an all die zuständigen Personen der Landesregierungen, allen voran Herrn Mag. Christian Plössnig (Amt der Tiroler Landesregierung), des WWF bzw. der anderen NGOs, sie alle im Einzelnen zu nennen fehlt uns der Platz. Last but not least Dank an Mark Perry, der sich spontan bereit erklärt hat, dieses Buch mit seinen Texten über die Gebiete und deren Lebewesen, seien sie tierischer oder menschlicher Natur, zu erweitern und bereichern.

Verena Popp-Hackner & Georg Popp

Fototechnische Hinweise

Alle Aufnahmen in diesem Buch wurden mit Toyo Field 45 AII Großformat-Kameras gemacht. Diese traditionellen, vom Prinzip seit mehr als einem Jahrhundert unveränderten Kamerasysteme liefern Dia-Originale mit einer Größe von 10,2 x 12,7 cm, deren Schärfe, Brillanz und Druckqualität nach wie vor von keinem noch so modernen Fotoapparat, sei es digital, Kleinbild oder Mittelformat, erreicht werden kann. Die einzige Modernisierung dieser Laufboden-Kameras stellen spezielle Objektive mit hochwertigem Glas (wir verwenden Brennweiten von 65 bis 400 mm von Schneider oder Rodenstock) und aktuelles Filmmaterial (in unserem Fall ist es zu 99 Prozent Fuji VELVIA 50 RVP) dar.

Um genauer auf unsere Beweggründe einzugehen, warum wir diese eher langsame und umständliche Art der Fotografie bevorzugen, geschweige denn um technische Details zu klären oder viele weitere Informationen zu unserer Person, Aktivitäten und Produktionen zu liefern fehlt hier klarerweise der Platz. Ein weiterer Punkt also, wo sich das World Wide Web als überaus nützlich erweist und weshalb wir daher alle Interessierten auf unsere Homepage verweisen möchten: www.popphackner.com